Le lièvre et la tortue

ŒUVRES PRINCIPALES

L'Eunuque *(théâtre)*
Adonis et autres poèmes
Le Songe de Vaux *(poèmes)*
Contes et nouvelles en vers
Les amours de Psyché et de Cupidon *(roman)*
Discours à Madame de la Sablière sur l'âme des animaux
Fables

Jean de La Fontaine

Le lièvre et la tortue

et autres fables

Librio

Texte intégral

LA CIGALE ET LA FOURMI

La Cigale, ayant chanté
    Tout l'Été,
Se trouva fort dépourvue
Quand la bise fut venue.
Pas un seul petit morceau
De mouche ou de vermisseau.
Elle alla crier famine
Chez la Fourmi sa voisine,
La priant de lui prêter
Quelque grain pour subsister
Jusqu'à la saison nouvelle.
Je vous paierai, lui dit-elle,
Avant l'Oût, foi d'animal,
Intérêt et principal.
La Fourmi n'est pas prêteuse ;
C'est là son moindre défaut.
« Que faisiez-vous au temps chaud ?
Dit-elle à cette emprunteuse.
– Nuit et jour à tout venant
Je chantais, ne vous déplaise.
– Vous chantiez ? J'en suis fort aise.
Eh bien ! dansez maintenant. »

LE CORBEAU ET LE RENARD

Maître Corbeau, sur un arbre perché,
Tenait en son bec un fromage.
Maître Renard, par l'odeur alléché,
Lui tint à peu près ce langage :
Hé bonjour, Monsieur du Corbeau.
Que vous êtes joli ! que vous me semblez beau !
Sans mentir, si votre ramage
Se rapporte à votre plumage,
Vous êtes le Phénix des hôtes de ces bois.
À ces mots, le Corbeau ne se sent pas de joie ;
Et pour montrer sa belle voix,
Il ouvre un large bec, laisse tomber sa proie.
Le Renard s'en saisit, et dit : Mon bon Monsieur,
Apprenez que tout flatteur
Vit aux dépens de celui qui l'écoute.
Cette leçon vaut bien un fromage, sans doute.
Le Corbeau honteux et confus
Jura, mais un peu tard, qu'on ne l'y prendrait plus.

LA GRENOUILLE QUI SE VEUT FAIRE AUSSI GROSSE QUE LE BŒUF

Une Grenouille vit un bœuf
Qui lui sembla de belle taille.
Elle qui n'était pas grosse en tout comme un œuf
Envieuse s'étend, et s'enfle, et se travaille
Pour égaler l'animal en grosseur,
Disant : Regardez bien, ma sœur ;
Est-ce assez ? dites-moi ; n'y suis-je point encore ?
– Nenni. – M'y voici donc ? – Point du tout. – M'y voilà ?
– Vous n'en approchez point. La chétive pécore
S'enfla si bien qu'elle creva.
Le monde est plein de gens qui ne sont pas plus sages :
Tout Bourgeois veut bâtir comme les grands Seigneurs,
Tout petit Prince a des Ambassadeurs,
Tout Marquis veut avoir des Pages.

LES DEUX MULETS

Deux Mulets cheminaient : l'un d'avoine chargé,
L'autre portant l'argent de la Gabelle.
Celui-ci, glorieux d'une charge si belle,
N'eût voulu pour beaucoup en être soulagé.
Il marchait d'un pas relevé,
Et faisait sonner sa sonnette :
Quand, l'ennemi se présentant,
Comme il en voulait à l'argent,
Sur le Mulet du fisc une troupe se jette,

Le saisit au frein et l'arrête.
Le Mulet en se défendant
Se sent percer de coups : il gémit, il soupire.
Est-ce donc là, dit-il, ce qu'on m'avait promis ?
Ce Mulet qui me suit du danger se retire,
Et moi j'y tombe, et je péris.
– Ami, lui dit son camarade,
Il n'est pas toujours bon d'avoir un haut Emploi :
Si tu n'avais servi qu'un Meunier, comme moi,
Tu ne serais pas si malade.

LE LOUP ET LE CHIEN

Un Loup n'avait que les os et la peau ;
Tant les Chiens faisaient bonne garde.
Ce Loup rencontre un Dogue aussi puissant que beau,
Gras, poli, qui s'était fourvoyé par mégarde.
L'attaquer, le mettre en quartiers,
Sire Loup l'eût fait volontiers.
Mais il fallait livrer bataille,
Et le Mâtin était de taille
À se défendre hardiment.
Le Loup donc l'aborde humblement,
Entre en propos, et lui fait compliment
Sur son embonpoint, qu'il admire.
Il ne tiendra qu'à vous, beau Sire,
D'être aussi gras que moi, lui repartit le Chien.
Quittez les bois, vous ferez bien :
Vos pareils y sont misérables,
Cancres, haires, et pauvres diables,
Dont la condition est de mourir de faim.

Car quoi ? Rien d'assuré : point de franche lippée :
Tout à la pointe de l'épée.
Suivez-moi : vous aurez un bien meilleur destin.
Le Loup reprit : Que me faudra-t-il faire ?
Presque rien, dit le Chien, donner la chasse aux gens
Portants bâtons, et mendiants ;
Flatter ceux du logis, à son Maître complaire ;
Moyennant quoi votre salaire
Sera force reliefs de toutes les façons :
Os de poulets, os de pigeons :
Sans parler de mainte caresse.
Le Loup déjà se forge une félicité
Qui le fait pleurer de tendresse.
Chemin faisant, il vit le col du Chien pelé.
Qu'est-ce là ? lui dit-il. – Rien. – Quoi ? rien ? – Peu de
[chose.
– Mais encor ? – Le collier dont je suis attaché
De ce que vous voyez est peut-être la cause.
– Attaché ? dit le Loup : vous ne courez donc pas
Où vous voulez ? – Pas toujours, mais qu'importe ?
– Il importe si bien, que de tous vos repas
Je ne veux en aucune sorte,
Et ne voudrais pas même à ce prix un trésor.
Cela dit, maître Loup s'enfuit, et court encor.

LE RAT DE VILLE ET LE RAT DES CHAMPS

Autrefois le Rat de ville
Invita le Rat des champs,
D'une façon fort civile,
À des reliefs d'Ortolans.

Sur un Tapis de Turquie
Le couvert se trouva mis.
Je laisse à penser la vie
Que firent ces deux amis.

Le régal fut fort honnête,
Rien ne manquait au festin ;
Mais quelqu'un troubla la fête
Pendant qu'ils étaient en train.

À la porte de la salle
Ils entendirent du bruit :
Le Rat de ville détale ;
Son camarade le suit.

Le bruit cesse, on se retire :
Rats en campagne aussitôt ;
Et le citadin de dire :
Achevons tout notre rôt.

– C'est assez, dit le rustique ;
Demain vous viendrez chez moi :
Ce n'est pas que je me pique
De tous vos festins de Roi ;

Mais rien ne vient m'interrompre :
Je mange tout à loisir.
Adieu donc ; fi du plaisir
Que la crainte peut corrompre.

LE LOUP ET L'AGNEAU

La raison du plus fort est toujours la meilleure :
Nous l'allons montrer tout à l'heure.
Un Agneau se désaltérait
Dans le courant d'une onde pure.
Un Loup survient à jeun qui cherchait aventure,
Et que la faim en ces lieux attirait.
Qui te rend si hardi de troubler mon breuvage ?
Dit cet animal plein de rage :
Tu seras châtié de ta témérité.
– Sire, répond l'Agneau, que votre Majesté
Ne se mette pas en colère ;
Mais plutôt qu'elle considère
Que je me vas désaltérant
Dans le courant,
Plus de vingt pas au-dessous d'Elle,
Et que par conséquent, en aucune façon,
Je ne puis troubler sa boisson.
– Tu la troubles, reprit cette bête cruelle,
Et je sais que de moi tu médis l'an passé.
– Comment l'aurais-je fait si je n'étais pas né ?
Reprit l'Agneau, je tette encor ma mère.
– Si ce n'est toi, c'est donc ton frère.
– Je n'en ai point. – C'est donc quelqu'un des tiens :
Car vous ne m'épargnez guère,
Vous, vos bergers, et vos chiens.
On me l'a dit : il faut que je me venge.
Là-dessus, au fond des forêts
Le Loup l'emporte, et puis le mange,
Sans autre forme de procès.

LA MORT ET LE BÛCHERON

Un Malheureux appelait tous les jours
La Mort à son secours.
Ô mort, lui disait-il, que tu me sembles belle !
Viens vite, viens finir ma fortune cruelle.
La Mort crut, en venant, l'obliger en effet.
Elle frappe à sa porte, elle entre, elle se montre.
Que vois-je ! cria-t-il, ôtez-moi cet objet ;
Qu'il est hideux ! que sa rencontre
Me cause d'horreur et d'effroi !
N'approche pas, ô mort ; ô mort, retire-toi.
Mécénas fut un galant homme :
Il a dit quelque part : Qu'on me rende impotent,
Cul-de-jatte, goutteux, manchot, pourvu qu'en somme
Je vive, c'est assez, je suis plus que content.
Ne viens jamais, ô mort ; on t'en dit tout autant.

Ce sujet a été traité d'une autre façon par Ésope, comme la Fable suivante le fera voir. Je composai celle-ci pour une raison qui me contraignait de rendre la chose ainsi générale. Mais quelqu'un me fit connaître que j'eusse beaucoup mieux fait de suivre mon original, et que je laissais passer un des plus beaux traits qui fût dans Ésope. Cela m'obligea d'y avoir recours. Nous ne saurions aller plus avant que les Anciens : ils ne nous ont laissé pour notre part que la gloire de les bien suivre. Je joins toutefois ma Fable à celle d'Ésope, non que la mienne le mérite, mais à cause du mot de Mécénas que j'y fais entrer, et qui est si beau et si à propos que je n'ai pas cru le devoir omettre.

Un pauvre Bûcheron tout couvert de ramée,
Sous le faix du fagot aussi bien que des ans
Gémissant et courbé marchait à pas pesants,
Et tâchait de gagner sa chaumine enfumée.
Enfin, n'en pouvant plus d'effort et de douleur,
Il met bas son fagot, il songe à son malheur.
Quel plaisir a-t-il eu depuis qu'il est au monde ?
En est-il un plus pauvre en la machine ronde ?
Point de pain quelquefois, et jamais de repos.
Sa femme, ses enfants, les soldats, les impôts,
Le créancier, et la corvée
Lui font d'un malheureux la peinture achevée.
Il appelle la mort, elle vient sans tarder,
Lui demande ce qu'il faut faire.
C'est, dit-il, afin de m'aider
À recharger ce bois ; tu ne tarderas guère.
Le trépas vient tout guérir ;
Mais ne bougeons d'où nous sommes.
Plutôt souffrir que mourir,
C'est la devise des hommes.

LE RENARD ET LA CIGOGNE

Compère le Renard se mit un jour en frais,
Et retint à dîner commère la Cigogne.
Le régal fut petit, et sans beaucoup d'apprêts ;
Le galand pour toute besogne
Avait un brouet clair (il vivait chichement).
Ce brouet fut par lui servi sur une assiette :
La Cigogne au long bec n'en put attraper miette ;

Et le drôle eut lapé le tout en un moment.
Pour se venger de cette tromperie,
À quelque temps de là, la Cigogne le prie.
Volontiers, lui dit-il, car avec mes amis
Je ne fais point cérémonie.
À l'heure dite il courut au logis
De la Cigogne son hôtesse,
Loua très fort la politesse,
Trouva le dîner cuit à point.
Bon appétit surtout ; Renards n'en manquent point.
Il se réjouissait à l'odeur de la viande
Mise en menus morceaux, et qu'il croyait friande.
On servit, pour l'embarrasser,
En un vase à long col et d'étroite embouchure.
Le bec de la Cigogne y pouvait bien passer,
Mais le museau du Sire était d'autre mesure.
Il lui fallut à jeun retourner au logis,
Honteux comme un Renard qu'une Poule aurait pris,
Serrant la queue, et portant bas l'oreille.
Trompeurs, c'est pour vous que j'écris :
Attendez-vous à la pareille.

LE CHÊNE ET LE ROSEAU

Le Chêne un jour dit au Roseau :
Vous avez bien sujet d'accuser la Nature ;
Un Roitelet pour vous est un pesant fardeau.
Le moindre vent qui d'aventure
Fait rider la face de l'eau
Vous oblige à baisser la tête :

Cependant que mon front, au Caucase pareil,
Non content d'arrêter les rayons du Soleil,
Brave l'effort de la tempête.
Tout vous est Aquilon, tout me semble Zéphyr.
Encor si vous naissiez à l'abri du feuillage
Dont je couvre le voisinage,
Vous n'auriez pas tant à souffrir :
Je vous défendrais de l'orage ;
Mais vous naissez le plus souvent
Sur les humides bords des Royaumes du vent.
La nature envers vous me semble bien injuste.
– Votre compassion, lui répondit l'Arbuste,
Part d'un bon naturel ; mais quittez ce souci.
Les vents me sont moins qu'à vous redoutables.
Je plie, et ne romps pas. Vous avez jusqu'ici
Contre leurs coups épouvantables
Résisté sans courber le dos ;
Mais attendons la fin. Comme il disait ces mots
Du bout de l'horizon accourt avec furie
Le plus terrible des enfants
Que le Nord eût porté jusques-là dans ses flancs.
L'Arbre tient bon ; le Roseau plie.
Le vent redouble ses efforts,
Et fait si bien qu'il déracine
Celui de qui la tête au Ciel était voisine,
Et dont les pieds touchaient à l'Empire des Morts.

LE LION ET LE MOUCHERON

Va-t'en, chétif insecte, excrément de la terre.
C'est en ces mots que le Lion
Parlait un jour au Moucheron.
L'autre lui déclara la guerre.
Penses-tu, lui dit-il, que ton titre de Roi
Me fasse peur ni me soucie ?
Un bœuf est plus puissant que toi,
Je le mène à ma fantaisie.
À peine il achevait ces mots
Que lui-même il sonna la charge,
Fut le Trompette et le Héros.
Dans l'abord il se met au large,
Puis prend son temps, fond sur le cou
Du Lion, qu'il rend presque fou.
Le Quadrupède écume, et son œil étincelle ;
Il rugit, on se cache, on tremble à l'environ ;
Et cette alarme universelle
Est l'ouvrage d'un Moucheron.
Un avorton de Mouche en cent lieux le harcelle,
Tantôt pique l'échine, et tantôt le museau,
Tantôt entre au fond du naseau.
La rage alors se trouve à son faîte montée.
L'invisible ennemi triomphe, et rit de voir
Qu'il n'est griffe ni dent en la bête irritée
Qui de la mettre en sang ne fasse son devoir.
Le malheureux Lion se déchire lui-même,
Fait résonner sa queue à l'entour de ses flancs,
Bat l'air, qui n'en peut mais ; et sa fureur extrême
Le fatigue, l'abat ; le voilà sur les dents.
L'insecte du combat se retire avec gloire :
Comme il sonna la charge, il sonne la victoire,

Va partout l'annoncer, et rencontre en chemin
L'embuscade d'une araignée :
Il y rencontre aussi sa fin.
Quelle chose par là nous peut être enseignée ?
J'en vois deux, dont l'une est qu'entre nos ennemis
Les plus à craindre sont souvent les plus petits ;
L'autre, qu'aux grands périls tel a pu se soustraire,
Qui périt pour la moindre affaire.

LA COLOMBE ET LA FOURMI

Il faut, autant qu'on peut, obliger tout le monde :
On a souvent besoin d'un plus petit que soi.
De cette vérité deux Fables feront foi,
Tant la chose en preuves abonde.
Entre les pattes d'un Lion
Un Rat sortit de terre assez à l'étourdie.
Le Roi des animaux, en cette occasion,
Montra ce qu'il était, et lui donna la vie.
Ce bienfait ne fut pas perdu.
Quelqu'un aurait-il jamais cru
Qu'un Lion d'un Rat eût affaire ?
Cependant il avint qu'au sortir des forêts
Ce Lion fut pris dans des rets
Dont ses rugissements ne le purent défaire.
Sire Rat accourut, et fit tant par ses dents
Qu'une maille rongée emporta tout l'ouvrage,
Patience et longueur de temps
Font plus que force ni que rage.

L'autre exemple est tiré d'animaux plus petits.
Le long d'un clair ruisseau buvait une Colombe,
Quand sur l'eau se penchant une Fourmi y tombe ;
Et dans cet Océan l'on eût vu la Fourmi
S'efforcer, mais en vain, de regagner la rive.
La Colombe aussitôt usa de charité :
Un brin d'herbe dans l'eau par elle étant jeté,
Ce fut un promontoire où la Fourmi arrive.
Elle se sauve ; et là-dessus
Passe un certain Croquant qui marchait les pieds nus.
Ce Croquant par hasard avait une arbalète.
Dès qu'il voit l'Oiseau de Vénus,
Il le croit en son pot, et déjà lui fait fête.
Tandis qu'à le tuer mon Villageois s'apprête,
La Fourmi le pique au talon.
Le Vilain retourne la tête.
La Colombe l'entend, part, et tire de long.
Le soupé du Croquant avec elle s'envole :
Point de Pigeon pour une obole.

LE LIÈVRE ET LES GRENOUILLES

Un Lièvre en son gîte songeait
(Car que faire en un gîte, à moins que l'on ne songe ?) ;
Dans un profond ennui ce Lièvre se plongeait :
Cet animal est triste, et la crainte le ronge.
Les gens de naturel peureux
Sont, disait-il, bien malheureux ;
Ils ne sauraient manger morceau qui leur profite.
Jamais un plaisir pur, toujours assauts divers :
Voilà comme je vis : cette crainte maudite

M'empêche de dormir, sinon les yeux ouverts.
Corrigez-vous, dira quelque sage cervelle.
Et la peur se corrige-t-elle ?
Je crois même qu'en bonne foi
Les hommes ont peur comme moi.
Ainsi raisonnait notre Lièvre
Et cependant faisait le guet.
Il était douteux, inquiet :
Un souffle, une ombre, un rien, tout lui donnait la fièvre.
Le mélancolique animal,
En rêvant à cette matière,
Entend un léger bruit : ce lui fut un signal
Pour s'enfuir devers sa tanière.
Il s'en alla passer sur le bord d'un Étang.
Grenouilles aussitôt de sauter dans les ondes,
Grenouilles de rentrer en leurs grottes profondes.
Oh ! dit-il, j'en fais faire autant
Qu'on m'en fait faire ! Ma présence
Effraie aussi les gens, je mets l'alarme au camp !
Et d'où me vient cette vaillance ?
Comment ! des animaux qui tremblent devant moi !
Je suis donc un foudre de guerre ?
Il n'est, je le vois bien, si poltron sur la terre
Qui ne puisse trouver un plus poltron que soi.

LE COQ ET LE RENARD

Sur la branche d'un arbre était en sentinelle
Un vieux Coq adroit et matois.
Frère, dit un Renard, adoucissant sa voix,
Nous ne sommes plus en querelle :

Paix générale cette fois.
Je viens te l'annoncer ; descends que je t'embrasse.
Ne me retarde point, de grâce :
Je dois faire aujourd'hui vingt postes sans manquer.
Les tiens et toi pouvez vaquer
Sans nulle crainte à vos affaires ;
Nous vous y servirons en frères.
Faites-en les feux dès ce soir.
Et cependant viens recevoir
Le baiser d'amour fraternelle.
– Ami, reprit le Coq, je ne pouvais jamais
Apprendre une plus douce et meilleure nouvelle
Que celle
De cette paix ;
Et ce m'est une double joie
De la tenir de toi. Je vois deux Lévriers,
Qui, je m'assure, sont courriers
Que pour ce sujet on envoie.
Ils vont vite, et seront dans un moment à nous.
Je descends ; nous pourrons nous entre-baiser tous.
– Adieu, dit le Renard, ma traite est longue à faire :
Nous nous réjouirons du succès de l'affaire
Une autre fois. Le galand aussitôt
Tire ses grègues, gagne au haut,
Mal content de son stratagème ;
Et notre vieux Coq en soi-même
Se mit à rire de sa peur ;
Car c'est double plaisir de tromper le trompeur.

LE CORBEAU VOULANT IMITER L'AIGLE

L'Oiseau de Jupiter enlevant un mouton,
Un Corbeau témoin de l'affaire,
Et plus faible de reins, mais non pas moins glouton,
En voulut sur l'heure autant faire.
Il tourne à l'entour du troupeau,
Marque entre cent Moutons le plus gras, le plus beau,
Un vrai Mouton de sacrifice :
On l'avait réservé pour la bouche des Dieux.
Gaillard Corbeau disait, en le couvant des yeux :
Je ne sais qui fut ta nourrice ;
Mais ton corps me paraît en merveilleux état :
Tu me serviras de pâture.
Sur l'animal bêlant à ces mots il s'abat.
La Moutonnière créature
Pesait plus qu'un fromage, outre que sa toison
Était d'une épaisseur extrême,
Et mêlée à peu près de la même façon
Que la barbe de Polyphème.
Elle empêtra si bien les serres du Corbeau
Que le pauvre animal ne put faire retraite.
Le Berger vient, le prend, l'encage bien et beau,
Le donne à ses enfants pour servir d'amusette.
Il faut se mesurer, la conséquence est nette :
Mal prend aux Volereaux de faire les Voleurs.
L'exemple est un dangereux leurre :
Tous les mangeurs de gens ne sont pas grands Seigneurs ;
Où la Guêpe a passé, le Moucheron demeure.

LE MEUNIER, SON FILS ET L'ÂNE

À M.D.M.

L'invention des Arts étant un droit d'aînesse,
Nous devons l'Apologue à l'ancienne Grèce.
Mais ce champ ne se peut tellement moissonner
Que les derniers venus n'y trouvent à glaner.
La feinte est un pays plein de terres désertes.
Tous les jours nos Auteurs y font des découvertes.
Je t'en veux dire un trait assez bien inventé ;
Autrefois à Racan Malherbe l'a conté.
Ces deux rivaux d'Horace, héritiers de sa Lyre,
Disciples d'Apollon, nos Maîtres, pour mieux dire,
Se rencontrant un jour tout seuls et sans témoins
(Comme ils se confiaient leurs pensers et leurs soins),
Racan commence ainsi : Dites-moi, je vous prie,
Vous qui devez savoir les choses de la vie,
Qui par tous ses degrés avez déjà passé,
Et que rien ne doit fuir en cet âge avancé,
À quoi me résoudrai-je ? Il est temps que j'y pense.
Vous connaissez mon bien, mon talent, ma naissance ;
Dois-je dans la Province établir mon séjour,
Prendre emploi dans l'Armée, ou bien charge à la Cour ?
Tout au monde est mêlé d'amertume et de charmes.
La guerre a ses douceurs, l'Hymen a ses alarmes.
Si je suivais mon goût, je saurais où buter,
Mais j'ai les miens, la cour, le peuple à contenter.
Malherbe là-dessus : Contenter tout le monde !
Écoutez ce récit avant que je réponde.

J'ai lu dans quelque endroit qu'un Meunier et son Fils,
L'un vieillard, l'autre enfant, non pas des plus petits,

Mais garçon de quinze ans, si j'ai bonne mémoire,
Allaient vendre leur Âne, un certain jour de foire.
Afin qu'il fût plus frais et de meilleur débit,
On lui lia les pieds, on vous le suspendit ;
Puis cet homme et son fils le portent comme un lustre.
Pauvres gens, idiots, couple ignorant et rustre.
Le premier qui les vit de rire s'éclata.
Quelle farce, dit-il, vont jouer ces gens-là ?
Le plus âne des trois n'est pas celui qu'on pense.
Le Meunier à ces mots connaît son ignorance ;
Il met sur pieds sa bête, et la fait détaler.
L'Âne, qui goûtait fort l'autre façon d'aller,
Se plaint en son patois. Le Meunier n'en a cure.
Il fait monter son Fils, il suit, et d'aventure
Passent trois bons Marchands. Cet objet leur déplut.
Le plus vieux au Garçon s'écria tant qu'il put :
Oh là ! oh ! descendez, que l'on ne vous le dise,
Jeune homme, qui menez Laquais à barbe grise.
C'était à vous de suivre, au Vieillard de monter.
– Messieurs, dit le Meunier, il vous faut contenter.
L'enfant met pied à terre, et puis le Vieillard monte,
Quand trois filles passant, l'une dit : C'est grand'honte
Qu'il faille voir ainsi clocher ce jeune fils,
Tandis que ce nigaud, comme un Évêque assis,
Fait le veau sur son Âne, et pense être bien sage.
– Il n'est, dit le Meunier, plus de Veaux à mon âge :
Passez votre chemin, la fille, et m'en croyez.
Après maints quolibets coup sur coup renvoyés,
L'homme crut avoir tort, et mit son fils en croupe.
Au bout de trente pas, une troisième troupe
Trouve encore à gloser. L'un dit : Ces gens sont fous,
Le Baudet n'en peut plus ; il mourra sous leurs coups.
Hé quoi ! charger ainsi cette pauvre bourrique !

N'ont-ils point de pitié de leur vieux domestique ?
Sans doute qu'à la Foire ils vont vendre sa peau.
– Parbieu, dit le Meunier, est bien fou du cerveau
Qui prétend contenter tout le monde et son père.
Essayons toutefois, si par quelque manière
Nous en viendrons à bout. Ils descendent tous deux.
L'Âne, se prélassant, marche seul devant eux.
Un quidam les rencontre, et dit : Est-ce la mode
Que Baudet aille à l'aise, et Meunier s'incommode ?
Qui de l'âne ou du maître est fait pour se lasser ?
Je conseille à ces gens de le faire enchâsser.
Ils usent leurs souliers, et conservent leur Âne.
Nicolas au rebours, car, quand il va voir Jeanne,
Il monte sur sa bête ; et la chanson le dit.
Beau trio de Baudets ! Le Meunier repartit :
Je suis Âne, il est vrai, j'en conviens, je l'avoue ;
Mais que dorénavant on me blâme, on me loue ;
Qu'on dise quelque chose ou qu'on ne dise rien ;
J'en veux faire à ma tête. Il le fit, et fit bien.

Quant à vous, suivez Mars, ou l'Amour, ou le Prince ;
Allez, venez, courez ; demeurez en Province ;
Prenez Femme, Abbaye, Emploi, Gouvernement :
Les gens en parleront, n'en doutez nullement.

LES MEMBRES ET L'ESTOMAC

Je devais par la Royauté
Avoir commencé mon Ouvrage
À la voir d'un certain côté,
Messer Gaster[1] en est l'image.
S'il a quelque besoin, tout le corps s'en ressent.
De travailler pour lui les membres se lassant,
Chacun d'eux résolut de vivre en Gentilhomme,
Sans rien faire, alléguant l'exemple de Gaster.
Il faudrait, disaient-ils, sans nous qu'il vécût d'air.
Nous suons, nous peinons, comme bêtes de somme.
Et pour qui ? Pour lui seul ; nous n'en profitons pas :
Notre soin n'aboutit qu'à fournir ses repas.
Chommons, c'est un métier qu'il veut nous faire
[apprendre.
Ainsi dit, ainsi fait. Les mains cessent de prendre,
Les bras d'agir, les jambes de marcher.
Tous dirent à Gaster qu'il en allât chercher.
Ce leur fut une erreur dont ils se repentirent.
Bientôt les pauvres gens tombèrent en langueur ;
Il ne se forma plus de nouveau sang au cœur :
Chaque membre en souffrit, les forces se perdirent.
Par ce moyen, les mutins virent
Que celui qu'ils croyaient oisif et paresseux,
À l'intérêt commun contribuait plus qu'eux.
Ceci peut s'appliquer à la grandeur Royale.
Elle reçoit et donne, et la chose est égale.
Tout travaille pour elle, et réciproquement
Tout tire d'elle l'aliment.
Elle fait subsister l'artisan de ses peines,

1. « L'Estomach. » *(Note de La Fontaine.)*

Enrichit le Marchand, gage le Magistrat,
Maintient le Laboureur, donne paie au soldat,
Distribue en cent lieux ses grâces souveraines,
    Entretient seule tout l'État.
    Ménénius le sut bien dire.
La Commune s'allait séparer du Sénat.
Les mécontents disaient qu'il avait tout l'Empire,
Le pouvoir, les trésors, l'honneur, la dignité ;
Au lieu que tout le mal était de leur côté,
Les tributs, les impôts, les fatigues de guerre.
Le peuple hors les murs était déjà posté,
La plupart s'en allaient chercher une autre terre,
    Quand Ménénius leur fit voir
    Qu'ils étaient aux membres semblables,
Et par cet apologue, insigne entre les Fables,
    Les ramena dans leur devoir.

LES GRENOUILLES QUI DEMANDENT UN ROI

    Les Grenouilles, se lassant
    De l'état Démocratique,
    Par leurs clameurs firent tant
Que Jupin les soumit au pouvoir Monarchique.
Il leur tomba du Ciel un Roi tout pacifique :
Ce Roi fit toutefois un tel bruit en tombant
    Que la gent marécageuse,
    Gent fort sotte et fort peureuse,
    S'alla cacher sous les eaux,
    Dans les joncs, dans les roseaux,

Dans les trous du marécage,
Sans oser de longtemps regarder au visage
Celui qu'elles croyaient être un géant nouveau ;
Or c'était un Soliveau,
De qui la gravité fit peur à la première
Qui de le voir s'aventurant
Osa bien quitter sa tanière.
Elle approcha, mais en tremblant.
Une autre la suivit, une autre en fit autant,
Il en vint une fourmilière ;
Et leur troupe à la fin se rendit familière
Jusqu'à sauter sur l'épaule du Roi.
Le bon Sire le souffre, et se tient toujours coi.
Jupin en a bientôt la cervelle rompue.
Donnez-nous, dit ce peuple, un Roi qui se remue.
Le Monarque des Dieux leur envoie une Grue,
Qui les croque, qui les tue,
Qui les gobe à son plaisir,
Et Grenouilles de se plaindre ;
Et Jupin de leur dire : Eh quoi ! votre désir
À ses lois croit-il nous astreindre ?
Vous avez dû premièrement
Garder votre Gouvernement ;
Mais, ne l'ayant pas fait, il vous devait suffire
Que votre premier roi fût débonnaire et doux :
De celui-ci contentez-vous,
De peur d'en rencontrer un pire.

LE LOUP ET LA CIGOGNE

Les Loups mangent gloutonnement.
Un Loup donc étant de frairie,
Se pressa, dit-on, tellement
Qu'il en pensa perdre la vie.
Un os lui demeura bien avant au gosier.
De bonheur pour ce Loup, qui ne pouvait crier,
Près de là passe une Cigogne.
Il lui fait signe, elle accourt.
Voilà l'Opératrice aussitôt en besogne.
Elle retira l'os ; puis pour un si bon tour
Elle demanda son salaire.
Votre salaire ? dit le Loup :
Vous riez, ma bonne commère.
Quoi ! ce n'est pas encor beaucoup
D'avoir de mon gosier retiré votre cou ?
Allez, vous êtes une ingrate ;
Ne tombez jamais sous ma patte.

LE RENARD ET LES RAISINS

Certain Renard Gascon, d'autres disent Normand,
Mourant presque de faim, vit au haut d'une treille
Des Raisins mûrs apparemment
Et couverts d'une peau vermeille.
Le galand en eût fait volontiers un repas ;
Mais comme il n'y pouvait atteindre :
Ils sont trop verts, dit-il, et bons pour des goujats.
Fit-il pas mieux que de se plaindre ?

LE CHAT ET UN VIEUX RAT

J'ai lu chez un conteur de Fables,
Qu'un second Rodilard, l'Alexandre des Chats,
L'Attila, le fléau des Rats,
Rendait ces derniers misérables :
J'ai lu, dis-je, en certain Auteur,
Que ce Chat exterminateur,
Vrai Cerbère, était craint une lieue à la ronde :
Il voulait de Souris dépeupler tout le monde.
Les planches qu'on suspend sur un léger appui,
La mort aux Rats, les Souricières,
N'étaient que jeux au prix de lui.
Comme il voit que dans leurs tanières
Les Souris étaient prisonnières,
Qu'elles n'osaient sortir, qu'il avait beau chercher,
Le galand fait le mort, et du haut d'un plancher
Se pend la tête en bas. La bête scélérate
À de certains cordons se tenait par la patte.
Le peuple des Souris croit que c'est châtiment,
Qu'il a fait un larcin de rôt ou de fromage,
Égratigné quelqu'un, causé quelque dommage,
Enfin qu'on a pendu le mauvais garnement.
Toutes, dis-je, unanimement
Se promettent de rire à son enterrement,
Mettent le nez à l'air, montrent un peu la tête,
Puis rentrent dans leurs nids à rats,
Puis, ressortant, font quatre pas,
Puis enfin se mettent en quête.
Mais voici bien une autre fête :
Le pendu ressuscite, et sur ses pieds tombant,
Attrape les plus paresseuses.
Nous en savons plus d'un, dit-il en les gobant :

C'est tour de vieille guerre, et vos cavernes creuses
Ne vous sauveront pas, je vous en avertis ;
Vous viendrez toutes au logis.
Il prophétisait vrai : notre maître Mitis
Pour la seconde fois les trompe et les affine,
Blanchit sa robe et s'enfarine,
Et de la sorte déguisé,
Se niche et se blottit dans une huche ouverte.
Ce fut à lui bien avisé :
La gent trotte-menu s'en vient chercher sa perte.
Un Rat sans plus s'abstient d'aller flairer autour :
C'était un vieux routier : il savait plus d'un tour ;
Même il avait perdu sa queue à la bataille.
Ce bloc enfariné ne me dit rien qui vaille,
S'écria-t-il de loin au Général des Chats.
Je soupçonne dessous encor quelque machine.
Rien ne te sert d'être farine ;
Car quand tu serais sac, je n'approcherais pas.
C'était bien dit à lui ; j'approuve sa prudence :
Il était expérimenté,
Et savait que la méfiance
Est mère de la sûreté.

LE LION AMOUREUX

À MADEMOISELLE DE SÉVIGNÉ

Sévigné, de qui les attraits
Servent aux grâces de modèle,
Et qui naquîtes toute belle,
À votre indifférence près,

Pourriez-vous être favorable
Aux jeux innocents d'une Fable,
Et voir sans vous épouvanter
Un Lion qu'Amour sut dompter ?
Amour est un étrange maître.
Heureux qui peut ne le connaître
Que par récit, lui ni ses coups !
Quand on en parle devant vous,
Si la vérité vous offense,
La Fable au moins se peut souffrir :
Celle-ci prend bien l'assurance
De venir à vos pieds s'offrir,
Par zèle et par reconnaissance.
Du temps que les bêtes parlaient,
Les Lions, entre autres, voulaient
Être admis dans notre alliance.
Pourquoi non ? puisque leur engeance
Valait la nôtre en ce temps-là,
Ayant courage, intelligence,
Et belle hure outre cela.
Voici comment il en alla.
Un Lion de haut parentage,
En passant par un certain pré,
Rencontra Bergère à son gré :
Il la demande en mariage.
Le père aurait fort souhaité
Quelque gendre un peu moins terrible.
La donner lui semblait bien dur ;
La refuser n'était pas sûr ;
Même un refus eût fait possible
Qu'on eût vu quelque beau matin
Un mariage clandestin.
Car outre qu'en toute manière
La belle était pour les gens fiers,

Fille se coiffe volontiers
D'amoureux à longue crinière.
Le Père donc ouvertement
N'osant renvoyer notre amant,
Lui dit : Ma fille est délicate ;
Vos griffes la pourront blesser
Quand vous voudrez la caresser.
Permettez donc qu'à chaque patte
On vous les rogne, et pour les dents,
Qu'on vous les lime en même temps.
Vos baisers en seront moins rudes,
Et pour vous plus délicieux ;
Car ma fille y répondra mieux,
Étant sans ces inquiétudes.
Le Lion consent à cela,
Tant son âme était aveuglée !
Sans dents ni griffes le voilà,
Comme place démantelée.
On lâche sur lui quelques chiens :
Il fit fort peu de résistance.
Amour, amour, quand tu nous tiens
On peut bien dire : Adieu prudence.

LE SINGE ET LE DAUPHIN

C'était chez les Grecs un usage
Que sur la mer tous voyageurs
Menaient avec eux en voyage
Singes et Chiens de Bateleurs.
Un Navire en cet équipage
Non loin d'Athènes fit naufrage.

Sans les Dauphins tout eût péri.
Cet animal est fort ami
De notre espèce : en son Histoire
Pline le dit, il le faut croire.
Il sauva donc tout ce qu'il put.
Même un Singe en cette occurrence,
Profitant de la ressemblance,
Lui pensa devoir son salut.
Un Dauphin le prit pour un homme,
Et sur son dos le fit asseoir
Si gravement qu'on eût cru voir
Ce chanteur que tant on renomme.
Le Dauphin l'allait mettre à bord,
Quand par hasard il lui demande :
Êtes-vous d'Athènes la grande ?
– Oui, dit l'autre, on m'y connaît fort ;
S'il vous y survient quelque affaire,
Employez-moi ; car mes parents
Y tiennent tous les premiers rangs :
Un mien cousin est Juge-Maire.
Le Dauphin dit : Bien grand merci :
Et le Pirée a part aussi
À l'honneur de votre présence ?
Vous le voyez souvent ? je pense.
– Tous les jours : il est mon ami,
C'est une vieille connaissance.
Notre Magot prit pour ce coup
Le nom d'un port pour un nom d'homme.
De telles gens il est beaucoup
Qui prendraient Vaugirard pour Rome,
Et qui, caquetants au plus dru,
Parlent de tout et n'ont rien vu.
Le Dauphin rit, tourne la tête,
Et, le Magot considéré,

Il s'aperçoit qu'il n'a tiré
Du fond des eaux rien qu'une bête.
Il l'y replonge, et va trouver
Quelque homme afin de le sauver.

LE GEAI PARÉ DES PLUMES DU PAON

Un Paon muait ; un Geai prit son plumage ;
Puis après se l'accommoda ;
Puis parmi d'autres Paons tout fier se panada,
Croyant être un beau personnage.
Quelqu'un le reconnut : il se vit bafoué,
Berné, sifflé, moqué, joué,
Et par Messieurs les Paons plumé d'étrange sorte ;
Même vers ses pareils s'étant réfugié,
Il fut par eux mis à la porte.
Il est assez de geais à deux pieds comme lui,
Qui se parent souvent des dépouilles d'autrui,
Et que l'on nomme plagiaires.
Je m'en tais ; et ne veux leur causer nul ennui :
Ce ne sont pas là mes affaires.

LE POT DE TERRE ET LE POT DE FER

Le Pot de fer proposa
Au Pot de terre un voyage.
Celui-ci s'en excusa,
Disant qu'il ferait que sage

De garder le coin du feu :
Car il lui fallait si peu,
Si peu, que la moindre chose
De son débris serait cause.
Il n'en reviendrait morceau.
Pour vous, dit-il, dont la peau
Est plus dure que la mienne,
Je ne vois rien qui vous tienne.
– Nous vous mettrons à couvert,
Repartit le Pot de fer.
Si quelque matière dure
Vous menace d'aventure,
Entre deux je passerai,
Et du coup vous sauverai.
Cette offre le persuade.
Pot de fer son camarade
Se met droit à ses côtés.
Mes gens s'en vont à trois pieds,
Clopin-clopant comme ils peuvent,
L'un contre l'autre jetés
Au moindre hoquet qu'ils treuvent.
Le Pot de terre en souffre ; il n'eut pas fait cent pas
Que par son compagnon il fut mis en éclats,
Sans qu'il eût lieu de se plaindre.
Ne nous associons qu'avecque nos égaux ;
Ou bien il nous faudra craindre
Le destin d'un de ces Pots.

LE PETIT POISSON ET LE PÊCHEUR

Petit poisson deviendra grand,
Pourvu que Dieu lui prête vie.
Mais le lâcher en attendant,
Je tiens pour moi que c'est folie ;
Car de le rattraper il n'est pas trop certain.
Un Carpeau qui n'était encore que fretin
Fut pris par un Pêcheur au bord d'une rivière.
Tout fait nombre, dit l'homme en voyant son butin ;
Voilà commencement de chère et de festin :
Mettons-le en notre gibecière.
Le pauvre Carpillon lui dit en sa manière :
Que ferez-vous de moi ? je ne saurais fournir
Au plus qu'une demi-bouchée ;
Laissez-moi Carpe devenir :
Je serai par vous repêchée.
Quelque gros Partisan m'achètera bien cher,
Au lieu qu'il vous en faut chercher
Peut-être encor cent de ma taille
Pour faire un plat. Quel plat ? croyez-moi ; rien qui vaille.
– Rien qui vaille ? Eh bien soit, repartit le Pêcheur ;
Poisson, mon bel ami, qui faites le Prêcheur,
Vous irez dans la poêle ; et vous avez beau dire,
Dès ce soir on vous fera frire.

Un tien vaut, ce dit-on, mieux que deux tu l'auras :
L'un est sûr, l'autre ne l'est pas.

LE LABOUREUR ET SES ENFANTS

Travaillez, prenez de la peine :
C'est le fonds qui manque le moins.
Un riche Laboureur, sentant sa mort prochaine,
Fit venir ses enfants, leur parla sans témoins.
Gardez-vous, leur dit-il, de vendre l'héritage
Que nous ont laissé nos parents.
Un trésor est caché dedans.
Je ne sais pas l'endroit ; mais un peu de courage
Vous le fera trouver, vous en viendrez à bout.
Remuez votre champ dès qu'on aura fait l'Oût.
Creusez, fouillez, bêchez ; ne laissez nulle place
Où la main ne passe et repasse.
Le père mort, les fils vous retournent le champ
Deçà, delà, partout ; si bien qu'au bout de l'an
Il en rapporta davantage.
D'argent, point de caché. Mais le père fut sage
De leur montrer avant sa mort
Que le travail est un trésor.

LA MONTAGNE QUI ACCOUCHE

Une Montagne en mal d'enfant
Jetait une clameur si haute,
Que chacun au bruit accourant
Crut qu'elle accoucherait, sans faute,
D'une Cité plus grosse que Paris :
Elle accoucha d'une Souris.

Quand je songe à cette Fable
Dont le récit est menteur
Et le sens est véritable,
Je me figure un Auteur
Qui dit : Je chanterai la guerre
Que firent les Titans au Maître du tonnerre.
C'est promettre beaucoup : mais qu'en sort-il souvent ?
Du vent.

LES MÉDECINS

Le Médecin Tant-pis allait voir un malade
Que visitait aussi son confrère Tant-mieux ;
Ce dernier espérait, quoique son camarade
Soutînt que le gisant irait voir ses aïeux.
Tous deux s'étant trouvés différents pour la cure,
Leur malade paya le tribut à Nature,
Après qu'en ses conseils Tant-pis eut été cru.
Ils triomphaient encor sur cette maladie.
L'un disait : Il est mort, je l'avais bien prévu.
– S'il m'eût cru, disait l'autre, il serait plein de vie.

LA POULE AUX ŒUFS D'OR

L'Avarice perd tout en voulant tout gagner.
Je ne veux, pour le témoigner,
Que celui dont la Poule, à ce que dit la Fable,
Pondait tous les jours un œuf d'or.

Il crut que dans son corps elle avait un trésor.
Il la tua, l'ouvrit, et la trouva semblable
À celles dont les œufs ne lui rapportaient rien,
S'étant lui-même ôté le plus beau de son bien.
    Belle leçon pour les gens chiches :
Pendant ces derniers temps, combien en a-t-on vus
Qui du soir au matin sont pauvres devenus
    Pour vouloir trop tôt être riches ?

L'AIGLE ET LE HIBOU

L'Aigle et le Chat-huant leurs querelles cessèrent,
    Et firent tant qu'ils s'embrassèrent.
L'un jura foi de Roi, l'autre foi de Hibou,
Qu'ils ne se goberaient leurs petits peu ni prou.
Connaissez-vous les miens ? dit l'Oiseau de Minerve.
– Non, dit l'Aigle. – Tant pis, reprit le triste Oiseau.
    Je crains en ce cas pour leur peau :
    C'est hasard si je les conserve.
Comme vous êtes Roi, vous ne considérez
Qui ni quoi : Rois et Dieux mettent, quoi qu'on leur die,
    Tout en même catégorie.
Adieu mes nourrissons si vous les rencontrez.
– Peignez-les-moi, dit l'Aigle, ou bien me les montrez.
    Je n'y toucherai de ma vie.
Le Hibou repartit : Mes petits sont mignons,
Beaux, bien faits, et jolis sur tous leurs compagnons.
Vous les reconnaîtrez sans peine à cette marque.
N'allez pas l'oublier ; retenez-la si bien
    Que chez moi la maudite Parque
    N'entre point par votre moyen.

Il avint qu'au Hibou Dieu donna géniture,
De façon qu'un beau soir qu'il était en pâture,
    Notre Aigle aperçut d'aventure,
    Dans les coins d'une roche dure,
    Ou dans les trous d'une masure
    (Je ne sais pas lequel des deux),
    De petits monstres fort hideux,
Rechignés, un air triste, une voix de Mégère.
Ces enfants ne sont pas, dit l'Aigle, à notre ami.
Croquons-les. Le galand n'en fit pas à demi.
Ses repas ne sont point repas à la légère.
Le Hibou, de retour, ne trouve que les pieds
De ses chers nourrissons, hélas ! pour toute chose.
Il se plaint, et les Dieux sont par lui suppliés
De punir le brigand qui de son deuil est cause.
Quelqu'un lui dit alors : N'en accuse que toi
    Ou plutôt la commune loi
    Qui veut qu'on trouve son semblable
    Beau, bien fait, et sur tous aimable.
Tu fis de tes enfants à l'Aigle ce portrait ;
    En avaient-ils le moindre trait ?

L'OURS ET LES DEUX COMPAGNONS

    Deux compagnons pressés d'argent
    À leur voisin Fourreur vendirent
    La peau d'un Ours encor vivant,
Mais qu'ils tueraient bientôt, du moins à ce qu'ils dirent.
C'était le Roi des Ours au compte de ces gens.
Le Marchand à sa peau devait faire fortune.
Elle garantirait les froids les plus cuisants,

On en pourrait fourrer plutôt deux robes qu'une.
Dindenaut prisait moins ses Moutons qu'eux leur Ours :
Leur, à leur compte, et non à celui de la Bête.
S'offrant de la livrer au plus tard dans deux jours,
Ils conviennent de prix, et se mettent en quête,
Trouvent l'Ours qui s'avance, et vient vers eux au trot ;
Voilà mes gens frappés comme d'un coup de foudre.
Le marché ne tint pas ; il fallut le résoudre :
D'intérêts contre l'Ours, on n'en dit pas un mot.
L'un des deux Compagnons grimpe au faîte d'un arbre ;
    L'autre, plus froid que n'est un marbre,
Se couche sur le nez, fait le mort, tient son vent,
    Ayant quelque part ouï dire
    Que l'Ours s'acharne peu souvent
Sur un corps qui ne vit, ne meut, ni ne respire.
Seigneur Ours, comme un sot, donna dans ce panneau.
Il voit ce corps gisant, le croit privé de vie,
    Et de peur de supercherie
Le tourne, le retourne, approche son museau,
    Flaire aux passages de l'haleine.
C'est, dit-il, un cadavre ; Ôtons-nous, car il sent.
À ces mots, l'Ours s'en va dans la forêt prochaine.
L'un de nos deux Marchands de son arbre descend,
Court à son compagnon, lui dit que c'est merveille
Qu'il n'ait eu seulement que la peur pour tout mal.
    Eh bien, ajouta-t-il, la peau de l'animal ?
    Mais que t'a-t-il dit à l'oreille ?
    Car il s'approchait de bien près,
    Te retournant avec sa serre.
    – Il m'a dit qu'il ne faut jamais
Vendre la peau de l'Ours qu'on ne l'ait mis par terre.

LE RENARD, LE SINGE ET LES ANIMAUX

Les Animaux, au décès d'un Lion,
En son vivant Prince de la contrée,
Pour faire un Roi s'assemblèrent, dit-on.
De son étui la couronne est tirée.
Dans une chartre un Dragon la gardait.
Il se trouva que sur tous essayée
À pas un d'eux elle ne convenait.
Plusieurs avaient la tête trop menue,
Aucuns trop grosse, aucuns même cornue.
Le Singe aussi fit l'épreuve en riant,
Et par plaisir la Tiare essayant,
Il fit autour force grimaceries,
Tours de souplesse, et mille singeries,
Passa dedans ainsi qu'en un cerceau.
Aux Animaux cela sembla si beau
Qu'il fut élu : chacun lui fit hommage.
Le Renard seul regretta son suffrage,
Sans toutefois montrer son sentiment.
Quand il eut fait son petit compliment,
Il dit au Roi : Je sais, Sire, une cache,
Et ne crois pas qu'autre que moi la sache.
Or tout trésor, par droit de Royauté,
Appartient, Sire, à votre Majesté.
Le nouveau Roi bâille après la finance,
Lui-même y court pour n'être pas trompé.
C'était un piège : il y fut attrapé.
Le Renard dit, au nom de l'assistance :
Prétendrais-tu nous gouverner encor,
Ne sachant pas te conduire toi-même ?
Il fut démis ; et l'on tomba d'accord
Qu'à peu de gens convient le Diadème.

LE LIÈVRE ET LA TORTUE

Rien ne sert de courir ; il faut partir à point.
Le Lièvre et la Tortue en sont un témoignage.
Gageons, dit celle-ci, que vous n'atteindrez point
Sitôt que moi ce but. – Sitôt ? Êtes-vous sage ?
Repartit l'animal léger.
Ma commère, il vous faut purger
Avec quatre grains d'ellébore.
– Sage ou non, je parie encore.
Ainsi fut fait : et de tous deux
On mit près du but les enjeux :
Savoir quoi, ce n'est pas l'affaire,
Ni de quel juge l'on convint.
Notre Lièvre n'avait que quatre pas à faire ;
J'entends de ceux qu'il fait lorsque prêt d'être atteint
Il s'éloigne des chiens, les renvoie aux Calendes,
Et leur fait arpenter les landes.
Ayant, dis-je, du temps de reste pour brouter,
Pour dormir, et pour écouter
D'où vient le vent, il laisse la Tortue
Aller son train de Sénateur.
Elle part, elle s'évertue ;
Elle se hâte avec lenteur.
Lui cependant méprise une telle victoire,
Tient la gageure à peu de gloire,
Croit qu'il y va de son honneur
De partir tard. Il broute, il se repose,
Il s'amuse à toute autre chose
Qu'à la gageure. À la fin quand il vit
Que l'autre touchait presque au bout de la carrière,
Il partit comme un trait ; mais les élans qu'il fit
Furent vains : la Tortue arriva la première.

Eh bien ! lui cria-t-elle, avais-je pas raison ?
De quoi vous sert votre vitesse ?
Moi, l'emporter ! et que serait-ce
Si vous portiez une maison ?

LE CHIEN QUI LÂCHE SA PROIE POUR L'OMBRE

Chacun se trompe ici-bas.
On voit courir après l'ombre
Tant de fous, qu'on n'en sait pas
La plupart du temps le nombre.
Au Chien dont parle Ésope il faut les renvoyer.
Ce Chien, voyant sa proie en l'eau représentée,
La quitta pour l'image, et pensa se noyer ;
La rivière devint tout d'un coup agitée.
À toute peine il regagna les bords,
Et n'eut ni l'ombre ni le corps.

LA JEUNE VEUVE

La perte d'un époux ne va point sans soupirs.
On fait beaucoup de bruit, et puis on se console.
Sur les ailes du Temps la tristesse s'envole ;
Le Temps ramène les plaisirs.
Entre la Veuve d'une année
Et la Veuve d'une journée
La différence est grande : on ne croirait jamais

Que ce fût la même personne.
L'une fait fuir les gens, et l'autre a mille attraits.
Aux soupirs vrais ou faux celle-là s'abandonne ;
C'est toujours même note et pareil entretien :
On dit qu'on est inconsolable ;
On le dit, mais il n'en est rien,
Comme on le verra par cette Fable,
Ou plutôt par la vérité.
L'Époux d'une jeune beauté
Partait pour l'autre monde. À ses côtés sa femme
Lui criait : Attends-moi, je te suis ; et mon âme,
Aussi bien que la tienne, est prête à s'envoler.
Le Mari fait seul le voyage.
La Belle avait un père, homme prudent et sage :
Il laissa le torrent couler.
À la fin, pour la consoler,
Ma fille, lui dit-il, c'est trop verser de larmes :
Qu'a besoin le défunt que vous noyiez vos charmes ?
Puisqu'il est des vivants, ne songez plus aux morts.
Je ne dis pas que tout à l'heure
Une condition meilleure
Change en des noces ces transports ;
Mais, après certain temps, souffrez qu'on vous propose
Un époux beau, bien fait, jeune, et tout autre chose
Que le défunt. – Ah ! dit-elle aussitôt,
Un Cloître est l'époux qu'il me faut.
Le père lui laissa digérer sa disgrâce.
Un mois de la sorte se passe.
L'autre mois on l'emploie à changer tous les jours
Quelque chose à l'habit, au linge, à la coiffure.
Le deuil enfin sert de parure,
En attendant d'autres atours.
Toute la bande des Amours
Revient au colombier : les jeux, les ris, la danse,

Ont aussi leur tour à la fin.
On se plonge soir et matin
Dans la fontaine de Jouvence.
Le Père ne craint plus ce défunt tant chéri ;
Mais comme il ne parlait de rien à notre Belle :
Où donc est le jeune mari
Que vous m'avez promis ? dit-elle.

LES ANIMAUX MALADES DE LA PESTE

Un mal qui répand la terreur,
Mal que le Ciel en sa fureur
Inventa pour punir les crimes de la terre,
La Peste (puisqu'il faut l'appeler par son nom)
Capable d'enrichir en un jour l'Achéron,
Faisait aux animaux la guerre.
Ils ne mouraient pas tous, mais tous étaient frappés :
On n'en voyait point d'occupés
À chercher le soutien d'une mourante vie ;
Nul mets n'excitait leur envie ;
Ni Loups ni Renards n'épiaient
La douce et l'innocente proie.
Les Tourterelles se fuyaient :
Plus d'amour, partant plus de joie.
Le Lion tint conseil, et dit : Mes chers amis,
Je crois que le Ciel a permis
Pour nos péchés cette infortune ;
Que le plus coupable de nous
Se sacrifie aux traits du céleste courroux,
Peut-être il obtiendra la guérison commune.
L'histoire nous apprend qu'en de tels accidents

On fait de pareils dévouements.
Ne nous flattons donc point ; voyons sans indulgence
L'état de notre conscience.
Pour moi, satisfaisant mes appétits gloutons
J'ai dévoré force moutons.
Que m'avaient-ils fait ? Nulle offense :
Même il m'est arrivé quelquefois de manger
Le Berger.
Je me dévouerai donc, s'il le faut ; mais je pense
Qu'il est bon que chacun s'accuse ainsi que moi :
Car on doit souhaiter selon toute justice
Que le plus coupable périsse.
– Sire, dit le Renard, vous êtes trop bon Roi ;
Vos scrupules font voir trop de délicatesse ;
Eh bien, manger moutons, canaille, sotte espèce,
Est-ce un péché ? Non, non. Vous leur fîtes Seigneur
En les croquant beaucoup d'honneur.
Et quant au Berger l'on peut dire
Qu'il était digne de tous maux,
Étant de ces gens-là qui sur les animaux
Se font un chimérique empire.
Ainsi dit le Renard, et flatteurs d'applaudir.
On n'osa trop approfondir
Du Tigre, ni de l'Ours, ni des autres puissances,
Les moins pardonnables offenses.
Tous les gens querelleurs, jusqu'aux simples mâtins,
Au dire de chacun, étaient de petits saints.
L'Âne vint à son tour et dit : J'ai souvenance
Qu'en un pré de Moines passant,
La faim, l'occasion, l'herbe tendre, et je pense
Quelque diable aussi me poussant,
Je tondis de ce pré la largeur de ma langue.
Je n'en avais nul droit, puisqu'il faut parler net.
À ces mots on cria haro sur le baudet.

Un Loup quelque peu clerc prouva par sa harangue
Qu'il fallait dévouer ce maudit animal,
Ce pelé, ce galeux, d'où venait tout leur mal.
Sa peccadille fut jugée un cas pendable.
Manger l'herbe d'autrui ! quel crime abominable !
Rien que la mort n'était capable
D'expier son forfait : on le lui fit bien voir.
Selon que vous serez puissant ou misérable,
Les jugements de cour vous rendront blanc ou noir.

LE RAT QUI S'EST RETIRÉ DU MONDE

Les Levantins en leur légende
Disent qu'un certain Rat las des soins d'ici-bas,
Dans un fromage de Hollande
Se retira loin du tracas.
La solitude était profonde,
S'étendant partout à la ronde.
Notre ermite nouveau subsistait là-dedans.
Il fit tant de pieds et de dents
Qu'en peu de jours il eut au fond de l'ermitage
Le vivre et le couvert : que faut-il davantage ?
Il devint gros et gras ; Dieu prodigue ses biens
À ceux qui font vœu d'être siens.
Un jour, au dévot personnage
Des députés du peuple Rat
S'en vinrent demander quelque aumône légère :
Ils allaient en terre étrangère
Chercher quelque secours contre le peuple chat ;
Ratopolis était bloquée :
On les avait contraints de partir sans argent,

Attendu l'état indigent
De la République attaquée.
Ils demandaient fort peu, certains que le secours
Serait prêt dans quatre ou cinq jours.
Mes amis, dit le Solitaire,
Les choses d'ici-bas ne me regardent plus :
En quoi peut un pauvre Reclus
Vous assister ? que peut-il faire,
Que de prier le Ciel qu'il vous aide en ceci ?
J'espère qu'il aura de vous quelque souci.
Ayant parlé de cette sorte,
Le nouveau Saint ferma sa porte.
Qui désignai-je, à votre avis,
Par ce Rat si peu secourable ?
Un Moine ? Non, mais un Dervis :
Je suppose qu'un Moine est toujours charitable.

LE HÉRON
LA FILLE

Un jour, sur ses longs pieds, allait je ne sais où,
Le Héron au long bec emmanché d'un long cou.
Il côtoyait une rivière.
L'onde était transparente ainsi qu'aux plus beaux jours ;
Ma commère la carpe y faisait mille tours
Avec le brochet son compère.
Le Héron en eût fait aisément son profit :
Tous approchaient du bord, l'oiseau n'avait qu'à prendre ;
Mais il crut mieux faire d'attendre
Qu'il eût un peu plus d'appétit.

Il vivait de régime, et mangeait à ses heures.
Après quelques moments l'appétit vint : l'oiseau
S'approchant du bord vit sur l'eau
Des Tanches qui sortaient du fond de ces demeures.
Le mets ne lui plut pas ; il s'attendait à mieux
Et montrait un goût dédaigneux
Comme le rat du bon Horace.
Moi des Tanches ? dit-il, moi Héron que je fasse
Une si pauvre chère ? Et pour qui me prend-on ?
La Tanche rebutée il trouva du goujon.
Du goujon ! c'est bien là le dîner d'un Héron !
J'ouvrirais pour si peu le bec ! aux Dieux ne plaise !
Il l'ouvrit pour bien moins : tout alla de façon
Qu'il ne vit plus aucun poisson.
La faim le prit, il fut tout heureux et tout aise
De rencontrer un limaçon.
Ne soyons pas difficiles :
Les plus accommodants ce sont les plus habiles :
On hasarde de perdre en voulant trop gagner.
Gardez-vous de rien dédaigner ;
Surtout quand vous avez à peu près votre compte.
Bien des gens y sont pris ; ce n'est pas aux Hérons
Que je parle ; écoutez, humains, un autre conte ;
Vous verrez que chez vous j'ai puisé ces leçons.
Certaine fille un peu trop fière
Prétendait trouver un mari
Jeune, bien fait et beau, d'agréable manière.
Point froid et point jaloux ; notez ces deux points-ci.
Cette fille voulait aussi
Qu'il eût du bien, de la naissance,
De l'esprit, enfin tout. Mais qui peut tout avoir ?
Le destin se montra soigneux de la pourvoir :
Il vint des partis d'importance.
La belle les trouva trop chétifs de moitié.

Quoi moi ? quoi ces gens-là ? l'on radote, je pense.
À moi les proposer ! hélas ils font pitié.
Voyez un peu la belle espèce !
L'un n'avait en l'esprit nulle délicatesse ;
L'autre avait le nez fait de cette façon-là ;
C'était ceci, c'était cela,
C'était tout ; car les précieuses
Font dessus tous les dédaigneuses.
Après les bons partis, les médiocres gens
Vinrent se mettre sur les rangs.
Elle de se moquer. Ah vraiment je suis bonne
De leur ouvrir la porte : Ils pensent que je suis
Fort en peine de ma personne.
Grâce à Dieu, je passe les nuits
Sans chagrin, quoique en solitude.
La belle se sut gré de tous ces sentiments.
L'âge la fit déchoir : adieu tous les amants.
Un an se passe et deux avec inquiétude.
Le chagrin vient ensuite : elle sent chaque jour
Déloger quelques Ris, quelques jeux, puis l'amour ;
Puis ses traits choquer et déplaire ;
Puis cent sortes de fards. Ses soins ne purent faire
Qu'elle échappât au temps cet insigne larron :
Les ruines d'une maison
Se peuvent réparer ; que n'est cet avantage
Pour les ruines du visage !
Sa préciosité changea lors de langage.
Son miroir lui disait : Prenez vite un mari.
Je ne sais quel désir le lui disait aussi ;
Le désir peut loger chez une précieuse.
Celle-ci fit un choix qu'on n'aurait jamais cru,
Se trouvant à la fin tout aise et tout heureuse
De rencontrer un malotru.

LES SOUHAITS

Il est au Mogol des follets
Qui font office de valets,
Tiennent la maison propre, ont soin de l'équipage,
Et quelquefois du jardinage.
Si vous touchez à leur ouvrage,
Vous gâtez tout. Un d'eux près du Gange autrefois
Cultivait le jardin d'un assez bon Bourgeois.
Il travaillait sans bruit, avait beaucoup d'adresse,
Aimait le maître et la maîtresse,
Et le jardin surtout. Dieu sait si les zéphirs
Peuple ami du Démon l'assistaient dans sa tâche !
Le follet de sa part travaillant sans relâche
Comblait ses hôtes de plaisirs.
Pour plus de marques de son zèle,
Chez ces gens pour toujours il se fût arrêté,
Nonobstant la légèreté
À ses pareils si naturelle ;
Mais ses confrères les esprits
Firent tant que le chef de cette république,
Par caprice ou par politique,
Le changea bientôt de logis.
Ordre lui vient d'aller au fond de la Norvège
Prendre le soin d'une maison
En tout temps couverte de neige ;
Et d'Indou qu'il était on vous le fait Lapon.
Avant que de partir l'esprit dit à ses hôtes :
On m'oblige de vous quitter :
Je ne sais pour quelles fautes ;
Mais enfin il le faut, je ne puis arrêter
Qu'un temps fort court, un mois, peut-être une semaine,
Employez-la ; formez trois souhaits, car je puis

Rendre trois souhaits accomplis,
Trois sans plus. Souhaiter, ce n'est pas une peine
Étrange et nouvelle aux humains.
Ceux-ci pour premier vœu demandent l'abondance ;
Et l'abondance, à pleines mains,
Verse en leurs coffres la finance,
En leurs greniers le blé, dans leurs caves les vins ;
Tout en crève. Comment ranger cette chevance ?
Quels registres, quels soins, quel temps il leur fallut !
Tous deux sont empêchés si jamais on le fut.
Les voleurs contre eux complotèrent ;
Les grands Seigneurs leur empruntèrent ;
Le Prince les taxa ! Voilà les pauvres gens
Malheureux par trop de fortune.
Ôtez-nous de ces biens l'affluence importune,
Dirent-ils l'un et l'autre ; heureux les indigents !
La pauvreté vaut mieux qu'une telle richesse.
Retirez-vous, trésors, fuyez ; et toi, Déesse,
Mère du bon esprit, compagne du repos,
Ô médiocrité, reviens vite. À ces mots
La médiocrité revient ; on lui fait place,
Avec elle ils rentrent en grâce,
Au bout de deux souhaits étant aussi chanceux
Qu'ils étaient, et que sont tous ceux
Qui souhaitent toujours et perdent en chimères
Le temps qu'ils feraient mieux de mettre à leurs affaires.
Le follet en rit avec eux.
Pour profiter de sa largesse,
Quand il voulut partir et qu'il fut sur le point,
Ils demandèrent la sagesse :
C'est un trésor qui n'embarrasse point.

LA COUR DU LION

Sa Majesté Lionne un jour voulut connaître
De quelles nations le Ciel l'avait fait maître.
Il manda donc par députés
Ses vassaux de toute nature,
Envoyant de tous les côtés
Une circulaire écriture,
Avec son sceau. L'écrit portait
Qu'un mois durant le Roi tiendrait
Cour plénière, dont l'ouverture
Devait être un fort grand festin,
Suivi des tours de Fagotin.
Par ce trait de magnificence
Le Prince à ses sujets étalait sa puissance.
En son Louvre il les invita.
Quel Louvre ! un vrai charnier, dont l'odeur se porta
D'abord au nez des gens. L'Ours boucha sa narine :
Il se fût bien passé de faire cette mine,
Sa grimace déplut. Le Monarque irrité
L'envoya chez Pluton faire le dégoûté.
Le Singe approuva fort cette sévérité,
Et flatteur excessif il loua la colère
Et la griffe du Prince, et l'antre, et cette odeur :
Il n'était ambre, il n'était fleur,
Qui ne fût ail au prix. Sa sotte flatterie
Eut un mauvais succès, et fut encor punie.
Ce Monseigneur du Lion-là
Fut parent de Caligula.
Le Renard étant proche : Or çà, lui dit le Sire,
Que sens-tu ? dis-le-moi : parle sans déguiser.
L'autre aussitôt de s'excuser,
Alléguant un grand rhume : il ne pouvait que dire

Sans odorat ; bref, il s'en tire.
Ceci vous sert d'enseignement :
Ne soyez à la cour, si vous voulez y plaire,
Ni fade adulateur, ni parleur trop sincère,
Et tâchez quelquefois de répondre en Normand.

LE COCHE ET LA MOUCHE

Dans un chemin montant, sablonneux, malaisé,
Et de tous les côtés au Soleil exposé,
Six forts chevaux tiraient un Coche.
Femmes, Moine, Vieillards, tout était descendu.
L'attelage suait, soufflait, était rendu.
Une Mouche survient, et des chevaux s'approche ;
Prétend les animer par son bourdonnement ;
Pique l'un, pique l'autre, et pense à tout moment
Qu'elle fait aller la machine,
S'assied sur le timon, sur le nez du Cocher ;
Aussitôt que le char chemine,
Et qu'elle voit les gens marcher,
Elle s'en attribue uniquement la gloire ;
Va, vient, fait l'empressée ; il semble que ce soit
Un Sergent de bataille allant en chaque endroit
Faire avancer ses gens, et hâter la victoire.
La Mouche en ce commun besoin
Se plaint qu'elle agit seule, et qu'elle a tout le soin ;
Qu'aucun n'aide aux chevaux à se tirer d'affaire.
Le Moine disait son Bréviaire ;
Il prenait bien son temps ! une femme chantait ;
C'était bien de chansons qu'alors il s'agissait !
Dame Mouche s'en va chanter à leurs oreilles,

Et fait cent sottises pareilles.
Après bien du travail le Coche arrive au haut.
Respirons maintenant, dit la Mouche aussitôt :
J'ai tant fait que nos gens sont enfin dans la plaine.
Ça, Messieurs les Chevaux, payez-moi de ma peine.

Ainsi certaines gens, faisant les empressés,
S'introduisent dans les affaires :
Ils font partout les nécessaires,
Et, partout importuns, devraient être chassés.

LA LAITIÈRE ET LE POT AU LAIT

Perrette sur sa tête ayant un Pot au lait
Bien posé sur un coussinet,
Prétendait arriver sans encombre à la ville.
Légère et court vêtue elle allait à grands pas ;
Ayant mis ce jour-là, pour être plus agile,
Cotillon simple, et souliers plats.
Notre laitière ainsi troussée
Comptait déjà dans sa pensée
Tout le prix de son lait, en employait l'argent,
Achetait un cent d'œufs, faisait triple couvée ;
La chose allait à bien par son soin diligent.
Il m'est, disait-elle, facile,
D'élever des poulets autour de ma maison :
Le Renard sera bien habile,
S'il ne m'en laisse assez pour avoir un cochon.
Le porc à s'engraisser coûtera peu de son ;
Il était quand je l'eus de grosseur raisonnable :
J'aurai le revendant de l'argent bel et bon.

Et qui m'empêchera de mettre en notre étable,
Vu le prix dont il est, une vache et son veau,
Que je verrai sauter au milieu du troupeau ?
Perrette là-dessus saute aussi, transportée.
Le lait tombe ; adieu, veau, vache, cochon, couvée ;
La dame de ces biens, quittant d'un œil marri
Sa fortune ainsi répandue,
Va s'excuser à son mari
En grand danger d'être battue.
Le récit en farce en fut fait ;
On l'appela *le Pot au lait.*

Quel esprit ne bat la campagne ?
Qui ne fait châteaux en Espagne ?
Picrochole, Pyrrhus, la Laitière, enfin tous,
Autant les sages que les fous ?
Chacun songe en veillant, il n'est rien de plus doux :
Une flatteuse erreur emporte alors nos âmes :
Tout le bien du monde est à nous,
Tous les honneurs, toutes les femmes.
Quand je suis seul, je fais au plus brave un défi ;
Je m'écarte, je vais détrôner le Sophi,
On m'élit roi, mon peuple m'aime ;
Les diadèmes vont sur ma tête pleuvant :
Quelque accident fait-il que je rentre en moi-même ;
Je suis gros Jean comme devant.

L'HOMME QUI COURT APRÈS LA FORTUNE, ET L'HOMME QUI L'ATTEND DANS SON LIT

Qui ne court après la Fortune ?
Je voudrais être en lieu d'où je pusse aisément
Contempler la foule importune
De ceux qui cherchent vainement
Cette fille du sort de Royaume en Royaume,
Fidèles courtisans d'un volage fantôme.
Quand ils sont près du bon moment,
L'inconstante aussitôt à leurs désirs échappe :
Pauvres gens, je les plains, car on a pour les fous
Plus de pitié que de courroux.
Cet homme, disent-ils, était planteur de choux,
Et le voilà devenu pape :
Ne le valons-nous pas ? – Vous valez cent fois mieux ;
Mais que vous sert votre mérite ?
La Fortune a-t-elle des yeux ?
Et puis la papauté vaut-elle ce qu'on quitte,
Le repos, le repos, trésor si précieux
Qu'on en faisait jadis le partage des Dieux ?
Rarement la Fortune à ses hôtes le laisse.
Ne cherchez point cette Déesse,
Elle vous cherchera ; son sexe en use ainsi.
Certain couple d'amis en un bourg établi,
Possédait quelque bien : l'un soupirait sans cesse
Pour la Fortune ; il dit à l'autre un jour :
Si nous quittions notre séjour ?
Vous savez que nul n'est prophète
En son pays : cherchons notre aventure ailleurs.

– Cherchez, dit l'autre ami, pour moi je ne souhaite
Ni climats ni destins meilleurs.
Contentez-vous ; suivez votre humeur inquiète ;
Vous reviendrez bientôt. Je fais vœu cependant
De dormir en vous attendant.
L'ambitieux, ou, si l'on veut, l'avare,
S'en va par voie et par chemin.
Il arriva le lendemain
En un lieu que devait la Déesse bizarre
Fréquenter sur tout autre ; et ce lieu c'est la cour.
Là donc pour quelque temps il fixe son séjour,
Se trouvant au coucher, au lever, à ces heures
Que l'on sait être les meilleures ;
Bref, se trouvant à tout, et n'arrivant à rien.
Qu'est ceci ? ce dit-il, cherchons ailleurs du bien.
La Fortune pourtant habite ces demeures.
Je la vois tous les jours entrer chez celui-ci,
Chez celui-là ; d'où vient qu'aussi
Je ne puis héberger cette capricieuse ?
On me l'avait bien dit, que des gens de ce lieu
L'on n'aime pas toujours l'humeur ambitieuse.
Adieu Messieurs de cour ; Messieurs de cour adieu :
Suivez jusques au bout une ombre qui vous flatte.
La Fortune a, dit-on, des temples à Surate ;
Allons là. Ce fut un de dire et s'embarquer.
Âmes de bronze, humains, celui-là fut sans doute
Armé de diamant, qui tenta cette route,
Et le premier osa l'abîme défier.
Celui-ci pendant son voyage
Tourna les yeux vers son village
Plus d'une fois, essuyant les dangers
Des pirates, des vents, du calme et des rochers,
Ministres de la mort. Avec beaucoup de peines
On s'en va la chercher en des rives lointaines,

La trouvant assez tôt sans quitter la maison.
L'homme arrive au Mogol ; on lui dit qu'au Japon
La Fortune pour lors distribuait ses grâces.
Il y court ; les mers étaient lasses
De le porter ; et tout le fruit
Qu'il tira de ses longs voyages,
Ce fut cette leçon que donnent les sauvages :
Demeure en ton pays, par la nature instruit.
Le Japon ne fut pas plus heureux à cet homme
Que le Mogol l'avait été ;
Ce qui lui fit conclure en somme,
Qu'il avait à grand tort son village quitté.
Il renonce aux courses ingrates,
Revient en son pays, voit de loin ses pénates,
Pleure de joie, et dit : Heureux, qui vit chez soi ;
De régler ses désirs faisant tout son emploi.
Il ne sait que par ouï-dire
Ce que c'est que la cour, la mer, et ton empire,
Fortune, qui nous fais passer devant les yeux
Des dignités, des biens, que jusqu'au bout du monde
On suit, sans que l'effet aux promesses réponde.
Désormais je ne bouge, et ferai cent fois mieux.
En raisonnant de cette sorte,
Et contre la Fortune ayant pris ce conseil,
Il la trouve assise à la porte
De son ami plongé dans un profond sommeil.

LES DEUX COQS

Deux Coqs vivaient en paix ; une Poule survint,
Et voilà la guerre allumée.
Amour, tu perdis Troie ; et c'est de toi que vint
Cette querelle envenimée,
Où du sang des Dieux même on vit le Xanthe teint.
Longtemps entre nos Coqs le combat se maintint :
Le bruit s'en répandit par tout le voisinage.
La gent qui porte crête au spectacle accourut.
Plus d'une Hélène au beau plumage
Fut le prix du vainqueur ; le vaincu disparut.
Il alla se cacher au fond de sa retraite,
Pleura sa gloire et ses amours,
Ses amours, qu'un rival tout fier de sa défaite
Possédait à ses yeux. Il voyait tous les jours
Cet objet rallumer sa haine et son courage.
Il aiguisait son bec, battait l'air et ses flancs,
Et, s'exerçant contre les vents,
S'armait d'une jalouse rage.
Il n'en eut pas besoin. Son vainqueur sur les toits
S'alla percher, et chanter sa victoire.
Un Vautour entendit sa voix :
Adieu les amours et la gloire.
Tout cet orgueil périt sous l'ongle du Vautour.
Enfin, par un fatal retour,
Son rival autour de la Poule
S'en revint faire le coquet.
Je laisse à penser quel caquet,
Car il eut des femmes en foule.
La Fortune se plaît à faire de ces coups ;
Tout vainqueur insolent à sa perte travaille.
Défions-nous du sort, et prenons garde à nous
Après le gain d'une bataille.

LE CHAT,
LA BELETTE ET LE PETIT LAPIN

Du palais d'un jeune Lapin
Dame Belette un beau matin
S'empara ; c'est une rusée.
Le Maître étant absent, ce lui fut chose aisée.
Elle porta chez lui ses pénates un jour
Qu'il était allé faire à l'Aurore sa cour,
    Parmi le thym et la rosée.
Après qu'il eut brouté, trotté, fait tous ses tours,
Janot Lapin retourne aux souterrains séjours.
La Belette avait mis le nez à la fenêtre.
Ô Dieux hospitaliers, que vois-je ici paraître ?
Dit l'animal chassé du paternel logis :
    Ô là, Madame la Belette,
    Que l'on déloge sans trompette,
Ou je vais avertir tous les rats du pays.
La Dame au nez pointu répondit que la terre
    Était au premier occupant.
    C'était un beau sujet de guerre
Qu'un logis où lui-même il n'entrait qu'en rampant.
    Et quand ce serait un Royaume
Je voudrais bien savoir, dit-elle, quelle loi
    En a pour toujours fait l'octroi
À Jean fils ou neveu de Pierre ou de Guillaume,
    Plutôt qu'à Paul, plutôt qu'à moi.
Jean Lapin allégua la coutume et l'usage.
Ce sont, dit-il, leurs lois qui m'ont de ce logis
Rendu maître et seigneur, et qui de père en fils,
L'ont de Pierre à Simon, puis à moi Jean, transmis.
Le premier occupant est-ce une loi plus sage ?

– Or bien sans crier davantage,
Rapportons-nous, dit-elle, à Raminagrobis.
C'était un chat vivant comme un dévot ermite,
Un chat faisant la chattemite,
Un saint homme de chat, bien fourré, gros et gras,
Arbitre expert sur tous les cas.
Jean Lapin pour juge l'agrée.
Les voilà tous deux arrivés
Devant sa majesté fourrée.
Grippeminaud leur dit : Mes enfants, approchez,
Approchez, je suis sourd, les ans en sont la cause.
L'un et l'autre approcha ne craignant nulle chose.
Aussitôt qu'à portée il vit les contestants,
Grippeminaud le bon apôtre
Jetant des deux côtés la griffe en même temps,
Mit les plaideurs d'accord en croquant l'un et l'autre.
Ceci ressemble fort aux débats qu'ont parfois
Les petits souverains se rapportants aux Rois.

UN ANIMAL DANS LA LUNE

Pendant qu'un Philosophe assure,
Que toujours par leurs sens les hommes sont dupés,
Un autre Philosophe jure,
Qu'ils ne nous ont jamais trompés.
Tous les deux ont raison, et la Philosophie
Dit vrai, quand elle dit que les sens tromperont
Tant que sur leur rapport les hommes jugeront ;
Mais aussi si l'on rectifie
L'image de l'objet sur son éloignement,
Sur le milieu qui l'environne,

Sur l'organe et sur l'instrument,
Les sens ne tromperont personne.
La nature ordonna ces choses sagement :
J'en dirai quelque jour les raisons amplement.
J'aperçois le Soleil ; quelle en est la figure ?
Ici-bas ce grand corps n'a que trois pieds de tour :
Mais si je le voyais là-haut dans son séjour,
Que serait-ce à mes yeux que l'œil de la nature ?
Sa distance me fait juger de sa grandeur ;
Sur l'angle et les côtés ma main la détermine ;
L'ignorant le croit plat, j'épaissis sa rondeur ;
Je le rends immobile, et la terre chemine.
Bref je démens mes yeux en toute sa machine.
Ce sens ne me nuit point par son illusion.
Mon âme en toute occasion
Développe le vrai caché sous l'apparence.
Je ne suis point d'intelligence
Avecque mes regards peut-être un peu trop prompts,
Ni mon oreille lente à m'apporter les sons.
Quand l'eau courbe un bâton ma raison le redresse,
La raison décide en maîtresse.
Mes yeux, moyennant ce secours,
Ne me trompent jamais, en me mentant toujours.
Si je crois leur rapport, erreur assez commune,
Une tête de femme est au corps de la Lune.
Y peut-elle être ? Non. D'où vient donc cet objet ?
Quelques lieux inégaux font de loin cet effet.
La Lune nulle part n'a sa surface unie :
Montueuse en des lieux, en d'autres aplanie,
L'ombre avec la lumière y peut tracer souvent,
Un Homme, un Bœuf, un Éléphant.
Naguère l'Angleterre y vit chose pareille,
La lunette placée, un animal nouveau
Parut dans cet astre si beau ;

Et chacun de crier merveille :
Il était arrivé là-haut un changement
Qui présageait sans doute un grand événement.
Savait-on si la guerre entre tant de puissances
N'en était point l'effet ? Le Monarque accourut :
Il favorise en Roi ces hautes connaissances.
Le Monstre dans la Lune à son tour lui parut.
C'était une Souris cachée entre les verres :
Dans la lunette était la source de ces guerres.
On en rit. Peuple heureux, quand pourront les François
Se donner, comme vous, entiers à ces emplois ?
Mars nous fait recueillir d'amples moissons de gloire :
C'est à nos ennemis de craindre les combats,
À nous de les chercher, certains que la victoire,
Amante de Louis, suivra partout ses pas.
Ses lauriers nous rendront célèbres dans l'histoire.
Même les filles de Mémoire
Ne nous ont point quittés : nous goûtons des plaisirs :
La paix fait nos souhaits et non point nos soupirs.
Charles en sait jouir : Il saurait dans la guerre
Signaler sa valeur, et mener l'Angleterre
À ces jeux qu'en repos elle voit aujourd'hui.
Cependant s'il pouvait apaiser la querelle,
Que d'encens ! Est-il rien de plus digne de lui ?
La carrière d'Auguste a-t-elle été moins belle
Que les fameux exploits du premier des Césars ?
Ô peuple trop heureux, quand la paix viendra-t-elle
Nous rendre comme vous tout entiers aux beaux-arts ?

LA MORT ET LE MOURANT

La Mort ne surprend point le sage ;
Il est toujours prêt à partir,
S'étant su lui-même avertir
Du temps où l'on se doit résoudre à ce passage.
Ce temps, hélas ! embrasse tous les temps :
Qu'on le partage en jours, en heures, en moments,
Il n'en est point qu'il ne comprenne
Dans le fatal tribut ; tous sont de son domaine ;
Et le premier instant où les enfants des rois
Ouvrent les yeux à la lumière,
Est celui qui vient quelquefois
Fermer pour toujours leur paupière.
Défendez-vous par la grandeur,
Alléguez la beauté, la vertu, la jeunesse,
La Mort ravit tout sans pudeur.
Un jour le monde entier accroîtra sa richesse.
Il n'est rien de moins ignoré,
Et puisqu'il faut que je le die,
Rien où l'on soit moins préparé.
Un mourant qui comptait plus de cent ans de vie,
Se plaignait à la Mort que précipitamment
Elle le contraignait de partir tout à l'heure,
Sans qu'il eût fait son testament,
Sans l'avertir au moins. Est-il juste qu'on meure
Au pied levé ? dit-il : attendez quelque peu.
Ma femme ne veut pas que je parte sans elle ;
Il me reste à pourvoir un arrière-neveu ;
Souffrez qu'à mon logis j'ajoute encore une aile.
Que vous êtes pressante, ô Déesse cruelle !
– Vieillard, lui dit la Mort, je ne t'ai point surpris ;
Tu te plains sans raison de mon impatience.

Eh n'as-tu pas cent ans ? trouve-moi dans Paris
Deux mortels aussi vieux, trouve-m'en dix en France.
Je devais, ce dis-tu, te donner quelque avis
Qui te disposât à la chose :
J'aurais trouvé ton testament tout fait,
Ton petit-fils pourvu, ton bâtiment parfait ;
Ne te donna-t-on pas des avis quand la cause
Du marcher et du mouvement,
Quand les esprits, le sentiment,
Quand tout faillit en toi ? Plus de goût, plus d'ouïe :
Toute chose pour toi semble être évanouie :
Pour toi l'astre du jour prend des soins superflus :
Tu regrettes des biens qui ne te touchent plus.
Je t'ai fait voir tes camarades,
Ou morts, ou mourants, ou malades.
Qu'est-ce que tout cela, qu'un avertissement ?
Allons, vieillard, et sans réplique.
Il n'importe à la république
Que tu fasses ton testament.
La Mort avait raison. Je voudrais qu'à cet âge
On sortît de la vie ainsi que d'un banquet,
Remerciant son hôte, et qu'on fît son paquet ;
Car de combien peut-on retarder le voyage ?
Tu murmures, vieillard ; vois ces jeunes mourir,
Vois-les marcher, vois-les courir
À des morts, il est vrai, glorieuses et belles,
Mais sûres cependant, et quelquefois cruelles.
J'ai beau te le crier ; mon zèle est indiscret :
Le plus semblable aux morts meurt le plus à regret.

LE SAVETIER ET LE FINANCIER

Un Savetier chantait du matin jusqu'au soir :
C'était merveilles de le voir,
Merveilles de l'ouïr ; il faisait des passages,
Plus content qu'aucun des sept sages.
Son voisin au contraire, étant tout cousu d'or,
Chantait peu, dormait moins encor.
C'était un homme de finance.
Si sur le point du jour parfois il sommeillait,
Le Savetier alors en chantant l'éveillait,
Et le Financier se plaignait,
Que les soins de la Providence
N'eussent pas au marché fait vendre le dormir,
Comme le manger et le boire.
En son hôtel il fait venir
Le chanteur, et lui dit : Or çà, sire Grégoire,
Que gagnez-vous par an ? – Par an ? Ma foi, Monsieur,
Dit avec un ton de rieur,
Le gaillard Savetier, ce n'est point ma manière
De compter de la sorte ; et je n'entasse guère
Un jour sur l'autre : il suffit qu'à la fin
J'attrape le bout de l'année :
Chaque jour amène son pain.
– Eh bien que gagnez-vous, dites-moi, par journée ?
– Tantôt plus, tantôt moins : le mal est que toujours,
(Et sans cela nos gains seraient assez honnêtes),
Le mal est que dans l'an s'entremêlent des jours
Qu'il faut chommer ; on nous ruine en Fêtes.
L'une fait tort à l'autre ; et Monsieur le Curé
De quelque nouveau Saint charge toujours son prône.
Le Financier riant de sa naïveté
Lui dit : Je vous veux mettre aujourd'hui sur le trône.

Prenez ces cent écus : gardez-les avec soin,
    Pour vous en servir au besoin.
Le Savetier crut voir tout l'argent que la terre
    Avait depuis plus de cent ans
    Produit pour l'usage des gens.
Il retourne chez lui : dans sa cave il enserre
    L'argent et sa joie à la fois.
    Plus de chant ; il perdit la voix
Du moment qu'il gagna ce qui cause nos peines.
    Le sommeil quitta son logis,
    Il eut pour hôtes les soucis,
    Les soupçons, les alarmes vaines.
Tout le jour il avait l'œil au guet ; et la nuit,
    Si quelque chat faisait du bruit,
Le chat prenait l'argent : À la fin le pauvre homme
S'en courut chez celui qu'il ne réveillait plus.
Rendez-moi, lui dit-il, mes chansons et mon somme,
    Et reprenez vos cent écus.

LE LION, LE LOUP ET LE RENARD

Un Lion décrépit, goutteux, n'en pouvant plus,
Voulait que l'on trouvât remède à la vieillesse :
Alléguer l'impossible aux Rois, c'est un abus.
    Celui-ci parmi chaque espèce
Manda les médecins ; il en est de tous arts :
Médecins au Lion viennent de toutes parts ;
De tous côtés lui vient des donneurs de recettes.
    Dans les visites qui sont faites,
Le Renard se dispense, et se tient clos et coi.
Le Loup en fait sa cour, daube au coucher du Roi

Son camarade absent ; le Prince tout à l'heure
Veut qu'on aille enfumer Renard dans sa demeure,
Qu'on le fasse venir. Il vient, est présenté ;
Et, sachant que le Loup lui faisait cette affaire :
Je crains, Sire, dit-il, qu'un rapport peu sincère,
    Ne m'ait à mépris imputé
    D'avoir différé cet hommage ;
    Mais j'étais en pèlerinage ;
Et m'acquittais d'un vœu fait pour votre santé.
    Même j'ai vu dans mon voyage
Gens experts et savants ; leur ai dit la langueur
Dont votre Majesté craint à bon droit la suite.
    Vous ne manquez que de chaleur :
    Le long âge en vous l'a détruite :
D'un Loup écorché vif appliquez-vous la peau
    Toute chaude et toute fumante ;
    Le secret sans doute en est beau
    Pour la nature défaillante.
    Messire Loup vous servira,
    S'il vous plaît, de robe de chambre.
    Le roi goûte cet avis-là :
    On écorche, on taille, on démembre
  Messire Loup. Le Monarque en soupa,
    Et de sa peau s'enveloppa ;
Messieurs les courtisans, cessez de vous détruire :
Faites si vous pouvez votre cour sans vous nuire.
Le mal se rend chez vous au quadruple du bien.
Les daubeurs ont leur tour d'une ou d'autre manière :
    Vous êtes dans une carrière
    Où l'on ne se pardonne rien.

LE POUVOIR DES FABLES

À M. DE BARILLON

La qualité d'Ambassadeur
Peut-elle s'abaisser à des contes vulgaires ?
Vous puis-je offrir mes vers et leurs grâces légères ?
S'ils osent quelquefois prendre un air de grandeur,
Seront-ils point traités par vous de téméraires ?
Vous avez bien d'autres affaires
À démêler que les débats
Du Lapin et de la Belette.
Lisez-les, ne les lisez pas ;
Mais empêchez qu'on ne nous mette
Toute l'Europe sur les bras.
Que de mille endroits de la terre
Il nous vienne des ennemis,
J'y consens ; mais que l'Angleterre
Veuille que nos deux Rois se lassent d'être amis,
J'ai peine à digérer la chose.
N'est-il point encor temps que Louis se repose ?
Quel autre Hercule enfin ne se trouverait las
De combattre cette Hydre ? et faut-il qu'elle oppose
Une nouvelle tête aux efforts de son bras ?
Si votre esprit plein de souplesse,
Par éloquence, et par adresse,
Peut adoucir les cœurs, et détourner ce coup,
Je vous sacrifierai cent moutons ; c'est beaucoup
Pour un habitant du Parnasse.
Cependant faites-moi la grâce
De prendre en don ce peu d'encens.
Prenez en gré mes vœux ardents,
Et le récit en vers qu'ici je vous dédie.

Son sujet vous convient ; je n'en dirai pas plus :
Sur les Éloges que l'Envie
Doit avouer qui vous sont dus,
Vous ne voulez pas qu'on appuie.

Dans Athène autrefois peuple vain et léger,
Un Orateur voyant sa patrie en danger,
Courut à la Tribune ; et d'un art tyrannique,
Voulant forcer les cœurs dans une république,
Il parla fortement sur le commun salut.
On ne l'écoutait pas : l'Orateur recourut
À ces figures violentes
Qui savent exciter les âmes les plus lentes.
Il fit parler les morts, tonna, dit ce qu'il put.
Le vent emporta tout ; personne ne s'émut.
L'animal aux têtes frivoles
Étant fait à ces traits, ne daignait l'écouter.
Tous regardaient ailleurs : il en vit s'arrêter
À des combats d'enfants, et point à ses paroles.
Que fit le harangueur ? Il prit un autre tour.
Cérès, commença-t-il, faisait voyage un jour
Avec l'Anguille et l'Hirondelle :
Un fleuve les arrête ; et l'Anguille en nageant,
Comme l'Hirondelle en volant,
Le traversa bientôt. L'assemblée à l'instant
Cria tout d'une voix : Et Cérès, que fit-elle ?
– Ce qu'elle fit ? un prompt courroux
L'anima d'abord contre vous.
Quoi, de contes d'enfants son peuple s'embarrasse !
Et du péril qui le menace
Lui seul entre les Grecs il néglige l'effet !
Que ne demandez-vous ce que Philippe fait ?
À ce reproche l'assemblée,
Par l'Apologue réveillée,

Se donne entière à l'Orateur :
Un trait de Fable en eut l'honneur.
Nous sommes tous d'Athène en ce point ; et moi-même,
Au moment que je fais cette moralité,
Si *Peau d'âne* m'était conté,
J'y prendrais un plaisir extrême,
Le monde est vieux, dit-on : je le crois, cependant
Il le faut amuser encor comme un enfant.

LES DEUX AMIS

Deux vrais amis vivaient au Monomotapa :
L'un ne possédait rien qui n'appartînt à l'autre :
Les amis de ce pays-là
Valent bien dit-on ceux du nôtre.
Une nuit que chacun s'occupait au sommeil,
Et mettait à profit l'absence du Soleil,
Un de nos deux Amis sort du lit en alarme :
Il court chez son intime, éveille les valets :
Morphée avait touché le seuil de ce palais.
L'Ami couché s'étonne, il prend sa bourse, il s'arme ;
Vient trouver l'autre, et dit : Il vous arrive peu
De courir quand on dort ; vous me paraissiez homme
À mieux user du temps destiné pour le somme :
N'auriez-vous point perdu tout votre argent au jeu ?
En voici. S'il vous est venu quelque querelle,
J'ai mon épée, allons. Vous ennuyez-vous point
De coucher toujours seul ? Une esclave assez belle
Était à mes côtés : voulez-vous qu'on l'appelle ?
– Non, dit l'ami, ce n'est ni l'un ni l'autre point :
Je vous rends grâce de ce zèle.

Vous m'êtes en dormant un peu triste apparu ;
J'ai craint qu'il ne fût vrai, je suis vite accouru.
    Ce maudit songe en est la cause.
Qui d'eux aimait le mieux, que t'en semble, Lecteur ?
Cette difficulté vaut bien qu'on la propose.
Qu'un ami véritable est une douce chose.
Il cherche vos besoins au fond de votre cœur ;
    Il vous épargne la pudeur
    De les lui découvrir vous-même.
    Un songe, un rien, tout lui fait peur
    Quand il s'agit de ce qu'il aime.

L'ÂNE ET LE CHIEN

Il se faut entr'aider, c'est la loi de nature :
    L'Âne un jour pourtant s'en moqua :
    Et ne sais comme il y manqua ;
    Car il est bonne créature.
Il allait par pays accompagné du Chien,
    Gravement, sans songer à rien,
    Tous deux suivis d'un commun maître.
Ce maître s'endormit : l'Âne se mit à paître :
    Il était alors dans un pré,
    Dont l'herbe était fort à son gré.
Point de chardons pourtant ; il s'en passa pour l'heure :
Il ne faut pas toujours être si délicat ;
    Et faute de servir ce plat
    Rarement un festin demeure.
    Notre Baudet s'en sut enfin
Passer pour cette fois. Le Chien mourant de faim
Lui dit : Cher compagnon, baisse-toi, je te prie ;

Je prendrai mon dîné dans le panier au pain.
Point de réponse, mot ; le Roussin d'Arcadie
Craignit qu'en perdant un moment,
Il ne perdît un coup de dent.
Il fit longtemps la sourde oreille :
Enfin il répondit : Ami, je te conseille
D'attendre que ton maître ait fini son sommeil ;
Car il te donnera sans faute à son réveil,
Ta portion accoutumée.
Il ne saurait tarder beaucoup.
Sur ces entrefaites un Loup
Sort du bois, et s'en vient ; autre bête affamée.
L'Âne appelle aussitôt le Chien à son secours.
Le Chien ne bouge, et dit : Ami, je te conseille
De fuir, en attendant que ton maître s'éveille ;
Il ne saurait tarder ; détale vite, et cours.
Que si ce Loup t'atteint, casse-lui la mâchoire.
On t'a ferré de neuf ; et si tu me veux croire,
Tu l'étendras tout plat. Pendant ce beau discours
Seigneur Loup étrangla le Baudet sans remède.
Je conclus qu'il faut qu'on s'entr'aide.

LES DEUX PIGEONS

Deux Pigeons s'aimaient d'amour tendre.
L'un d'eux s'ennuyant au logis
Fut assez fou pour entreprendre
Un voyage en lointain pays.
L'autre lui dit : Qu'allez-vous faire ?
Voulez-vous quitter votre frère ?
L'absence est le plus grand des maux :

Non pas pour vous, cruel. Au moins, que les travaux,
Les dangers, les soins du voyage,
Changent un peu votre courage.
Encor si la saison s'avançait davantage !
Attendez les zéphyrs. Qui vous presse ? Un corbeau
Tout à l'heure annonçait malheur à quelque oiseau.
Je ne songerai plus que rencontre funeste,
Que Faucons, que réseaux. Hélas, dirai-je, il pleut :
Mon frère a-t-il tout ce qu'il veut,
Bon soupé, bon gîte, et le reste ?
Ce discours ébranla le cœur
De notre imprudent voyageur ;
Mais le désir de voir et l'humeur inquiète
L'emportèrent enfin. Il dit : Ne pleurez point :
Trois jours au plus rendront mon âme satisfaite ;
Je reviendrai dans peu conter de point en point
Mes aventures à mon frère.
Je le désennuierai : quiconque ne voit guère
N'a guère à dire aussi. Mon voyage dépeint
Vous sera d'un plaisir extrême.
Je dirai : J'étais là ; telle chose m'avint ;
Vous y croirez être vous-même.
À ces mots en pleurant ils se dirent adieu.
Le voyageur s'éloigne ; et voilà qu'un nuage
L'oblige de chercher retraite en quelque lieu.
Un seul arbre s'offrit, tel encor que l'orage
Maltraita le Pigeon en dépit du feuillage.
L'air devenu serein, il part tout morfondu,
Sèche du mieux qu'il peut son corps chargé de pluie,
Dans un champ à l'écart voit du blé répandu,
Voit un pigeon auprès ; cela lui donne envie :
Il y vole, il est pris : ce blé couvrait d'un las,
Les menteurs et traîtres appas.
Le las était usé ! si bien que de son aile,

De ses pieds, de son bec, l'oiseau le rompt enfin.
Quelque plume y périt ; et le pis du destin
Fut qu'un certain Vautour à la serre cruelle
Vit notre malheureux, qui, traînant la ficelle
Et les morceaux du las qui l'avait attrapé,
    Semblait un forçat échappé.
Le vautour s'en allait le lier, quand des nues
Fond à son tour un Aigle aux ailes étendues.
Le Pigeon profita du conflit des voleurs,
S'envola, s'abattit auprès d'une masure,
    Crut, pour ce coup, que ses malheurs
    Finiraient par cette aventure ;
Mais un fripon d'enfant, cet âge est sans pitié,
Prit sa fronde et, du coup, tua plus d'à moitié
    La volatile malheureuse,
  Qui, maudissant sa curiosité,
    Traînant l'aile et tirant le pié,
    Demi-morte et demi-boiteuse,
    Droit au logis s'en retourna.
    Que bien, que mal, elle arriva
    Sans autre aventure fâcheuse.
Voilà nos gens rejoints ; et je laisse à juger
De combien de plaisirs ils payèrent leurs peines.
Amants, heureux amants, voulez-vous voyager ?
    Que ce soit aux rives prochaines ;
Soyez-vous l'un à l'autre un monde toujours beau,
    Toujours divers, toujours nouveau ;
Tenez-vous lieu de tout, comptez pour rien le reste ;
J'ai quelquefois aimé ! je n'aurais pas alors
    Contre le Louvre et ses trésors,
Contre le firmament et sa voûte céleste,
    Changé les bois, changé les lieux
Honorés par les pas, éclairés par les yeux
    De l'aimable et jeune Bergère

Pour qui, sous le fils de Cythère,
Je servis, engagé par mes premiers serments.
Hélas ! quand reviendront de semblables moments ?
Faut-il que tant d'objets si doux et si charmants
Me laissent vivre au gré de mon âme inquiète ?
Ah ! si mon cœur osait encor se renflammer !
Ne sentirai-je plus de charme qui m'arrête ?
Ai-je passé le temps d'aimer ?

LE SINGE ET LE LÉOPARD

Le Singe avec le Léopard
Gagnaient de l'argent à la foire :
Ils affichaient chacun à part.
L'un d'eux disait : Messieurs, mon mérite et ma gloire
Sont connus en bon lieu ; le Roi m'a voulu voir ;
Et, si je meurs, il veut avoir
Un manchon de ma peau ; tant elle est bigarrée,
Pleine de taches, marquetée,
Et vergetée, et mouchetée.
La bigarrure plaît ; partant chacun le vit.
Mais ce fut bientôt fait, bientôt chacun sortit.
Le Singe de sa part disait : Venez de grâce,
Venez, Messieurs. Je fais cent tours de passe-passe.
Cette diversité dont on vous parle tant,
Mon voisin Léopard l'a sur soi seulement ;
Moi, je l'ai dans l'esprit : votre serviteur Gille,
Cousin et gendre de Bertrand,
Singe du Pape en son vivant,
Tout fraîchement en cette ville
Arrive en trois bateaux exprès pour vous parler ;

Car il parle, on l'entend ; il sait danser, baller,
Faire des tours de toute sorte,
Passer en des cerceaux ; et le tout pour six blancs !
Non, Messieurs, pour un sou ; si vous n'êtes contents,
Nous rendrons à chacun son argent à la porte.
Le Singe avait raison : ce n'est pas sur l'habit
Que la diversité me plaît, c'est dans l'esprit :
L'une fournit toujours des choses agréables ;
L'autre en moins d'un moment lasse les regardants.
Oh ! que de grands seigneurs, au Léopard semblables,
N'ont que l'habit pour tous talents !

LE FOU QUI VEND LA SAGESSE

Jamais auprès des fous ne te mets à portée.
Je ne te puis donner un plus sage conseil.
Il n'est enseignement pareil
À celui-là de fuir une tête éventée.
On en voit souvent dans les cours.
Le Prince y prend plaisir ; car ils donnent toujours
Quelque trait aux fripons, aux sots, aux ridicules.
Un Fol allait criant par tous les carrefours
Qu'il vendait la Sagesse ; et les mortels crédules
De courir à l'achat : chacun fut diligent.
On essuyait force grimaces ;
Puis on avait pour son argent,
Avec un bon soufflet un fil long de deux brasses.
La plupart s'en fâchaient ; mais que leur servait-il ?
C'étaient les plus moqués ; le mieux était de rire,
Ou de s'en aller, sans rien dire,
Avec son soufflet et son fil.

De chercher du sens à la chose,
On se fût fait siffler ainsi qu'un ignorant.
La raison est-elle garant
De ce que fait un fou ? Le hasard est la cause
De tout ce qui se passe en un cerveau blessé.
Du fil et du soufflet pourtant embarrassé,
Un des dupes un jour alla trouver un sage,
Qui, sans hésiter davantage,
Lui dit : Ce sont ici hiéroglyphes tout purs.
Les gens bien conseillés, et qui voudront bien faire,
Entre eux et les gens fous mettront pour l'ordinaire
La longueur de ce fil ; sinon je les tiens sûrs
De quelque semblable caresse.
Vous n'êtes point trompé : ce fou vend la sagesse.

LE CHAT ET LE RENARD

Le Chat et le Renard, comme beaux petits saints,
S'en allaient en pèlerinage.
C'étaient deux vrais Tartufs, deux archipatelins,
Deux francs Patte-pelus qui, des frais du voyage,
Croquant mainte volaille, escroquant maint fromage,
S'indemnisaient à qui mieux mieux.
Le chemin était long, et partant ennuyeux,
Pour l'accourcir ils disputèrent.
La dispute est d'un grand secours ;
Sans elle on dormirait toujours.
Nos pèlerins s'égosillèrent.
Ayant bien disputé, l'on parla du prochain.
Le Renard au Chat dit enfin :
Tu prétends être fort habile :

En sais-tu tant que moi ? J'ai cent ruses au sac.
– Non, dit l'autre : je n'ai qu'un tour dans mon bissac,
    Mais je soutiens qu'il en vaut mille.
Eux de recommencer la dispute à l'envi,
Sur le que si, que non, tous deux étant ainsi,
    Une meute apaisa la noise.
Le Chat dit au Renard : Fouille en ton sac, ami :
    Cherche en ta cervelle matoise
Un stratagème sûr. Pour moi, voici le mien.
À ces mots sur un arbre il grimpa bel et bien.
    L'autre fit cent tours inutiles,
Entra dans cent terriers, mit cent fois en défaut
    Tous les confrères de Brifaut.
    Partout il tenta des asiles,
    Et ce fut partout sans succès :
La fumée y pourvut, ainsi que les bassets.
Au sortir d'un Terrier, deux chiens aux pieds agiles
    L'étranglèrent du premier bond.
Le trop d'expédients peut gâter une affaire ;
On perd du temps au choix, on tente, on veut tout faire.
    N'en ayons qu'un, mais qu'il soit bon.

LE SINGE ET LE CHAT

Bertrand avec Raton, l'un Singe et l'autre Chat,
Commensaux d'un logis, avaient un commun Maître.
D'animaux malfaisants c'était un très bon plat ;
Ils n'y craignaient tous deux aucun, quel qu'il pût être.
Trouvait-on quelque chose au logis de gâté,
L'on ne s'en prenait point aux gens du voisinage.
Bertrand dérobait tout ; Raton de son côté

Était moins attentif aux souris qu'au fromage.
Un jour au coin du feu nos deux maîtres fripons
Regardaient rôtir des marrons.
Les escroquer était une très bonne affaire :
Nos galands y voyaient double profit à faire,
Leur bien premièrement, et puis le mal d'autrui.
Bertrand dit à Raton : Frère, il faut aujourd'hui
Que tu fasses un coup de maître.
Tire-moi ces marrons. Si Dieu m'avait fait naître
Propre à tirer marrons du feu,
Certes marrons verraient beau jeu.
Aussitôt fait que dit : Raton avec sa patte,
D'une manière délicate,
Écarte un peu la cendre, et retire les doigts,
Puis les reporte à plusieurs fois ;
Tire un marron, puis deux, et puis trois en escroque.
Et cependant Bertrand les croque.
Une servante vient : adieu mes gens. Raton
N'était pas content, ce dit-on.
Aussi ne le sont pas la plupart de ces Princes
Qui, flattés d'un pareil emploi,
Vont s'échauder en des Provinces
Pour le profit de quelque Roi.

LE MILAN ET LE ROSSIGNOL

Après que le Milan, manifeste voleur,
Eut répandu l'alarme en tout le voisinage
Et fait crier sur lui les enfants du village,
Un Rossignol tomba dans ses mains, par malheur.
Le héraut du Printemps lui demande la vie :

Aussi bien que manger en qui n'a que le son ?
Écoutez plutôt ma chanson ;
Je vous raconterai Térée et son envie.
– Qui, Térée ? est-ce un mets propre pour les Milans ?
– Non pas ; c'était un Roi dont les feux violents
Me firent ressentir leur ardeur criminelle :
Je m'en vais vous en dire une chanson si belle
Qu'elle vous ravira : mon chant plaît à chacun.
Le Milan alors lui réplique :
Vraiment, nous voici bien : lorsque je suis à jeun,
Tu me viens parler de musique.
– J'en parle bien aux rois. – Quand un roi te prendra,
Tu peux lui conter ces merveilles.
Pour un milan, il s'en rira :
Ventre affamé n'a point d'oreilles.

LA TORTUE ET LES DEUX CANARDS

Une Tortue était, à la tête légère,
Qui, lasse de son trou, voulut voir le pays,
Volontiers on fait cas d'une terre étrangère :
Volontiers gens boiteux haïssent le logis.
Deux Canards à qui la commère
Communiqua ce beau dessein,
Lui dirent qu'ils avaient de quoi la satisfaire :
Voyez-vous ce large chemin ?
Nous vous voiturerons, par l'air, en Amérique,
Vous verrez mainte République,
Maint Royaume, maint peuple, et vous profiterez
Des différentes mœurs que vous remarquerez.
Ulysse en fit autant. On ne s'attendait guère

De voir Ulysse en cette affaire.
La Tortue écouta la proposition.
Marché fait, les oiseaux forgent une machine
Pour transporter la pèlerine.
Dans la gueule en travers on lui passe un bâton.
Serrez bien, dirent-ils ; gardez de lâcher prise.
Puis chaque Canard prend ce bâton par un bout.
La Tortue enlevée on s'étonne partout
De voir aller en cette guise
L'animal lent et sa maison,
Justement au milieu de l'un et l'autre Oison.
Miracle, criait-on. Venez voir dans les nues
Passer la Reine des Tortues.
– La Reine. Vraiment oui. Je la suis en effet ;
Ne vous en moquez point. Elle eût beaucoup mieux fait
De passer son chemin sans dire aucune chose ;
Car lâchant le bâton en desserrant les dents,
Elle tombe, elle crève aux pieds des regardants.
Son indiscrétion de sa perte fut cause.
Imprudence, babil, et sotte vanité,
Et vaine curiosité,
Ont ensemble étroit parentage.
Ce sont enfants tous d'un lignage.

LE BERGER ET LE ROI

Deux démons à leur gré partagent notre vie,
Et de son patrimoine ont chassé la raison.
Je ne vois point de cœur qui ne leur sacrifie.
Si vous me demandez leur état et leur nom,
J'appelle l'un Amour, et l'autre Ambition.

Cette dernière étend le plus loin son empire ;
Car même elle entre dans l'amour.
Je le ferais bien voir ; mais mon but est de dire
Comme un Roi fit venir un Berger à sa Cour.
Le conte est du bon temps, non du siècle où nous sommes.
Ce Roi vit un troupeau qui couvrait tous les champs,
Bien broutant, en bon corps, rapportant tous les ans,
Grâce aux soins du Berger, de très notables sommes.
Le Berger plut au Roi par ces soins diligents.
Tu mérites, dit-il, d'être Pasteur de gens ;
Laisse là tes moutons, viens conduire des hommes.
Je te fais Juge Souverain.
Voilà notre Berger la balance à la main.
Quoiqu'il n'eût guère vu d'autres gens qu'un Hermite,
Son troupeau, ses mâtins, le loup, et puis c'est tout,
Il avait du bon sens ; le reste vient ensuite.
Bref, il en vint fort bien à bout.
L'Hermite son voisin accourut pour lui dire :
Veillé-je ? et n'est-ce point un songe que je vois ?
Vous favori ! vous grand ! Défiez-vous des Rois :
Leur faveur est glissante, on s'y trompe ; et le pire
C'est qu'il en coûte cher ; de pareilles erreurs
Ne produisent jamais que d'illustres malheurs.
Vous ne connaissez pas l'attrait qui vous engage.
Je vous parle en ami. Craignez tout. L'autre rit,
Et notre Hermite poursuivit :
Voyez combien déjà la Cour vous rend peu sage.
Je crois voir cet Aveugle à qui dans un voyage
Un serpent engourdi de froid
Vint s'offrir sous la main : il le prit pour un fouet.
Le sien s'était perdu, tombant de sa ceinture.
Il rendait grâce au Ciel de l'heureuse aventure,
Quand un passant cria : Que tenez-vous, ô Dieux !
Jetez cet animal traître et pernicieux,

Ce Serpent. – C'est un fouet. – C'est un Serpent, vous
[dis-je.
À me tant tourmenter quel intérêt m'oblige ?
Prétendez-vous garder ce trésor ? – Pourquoi non ?
Mon fouet était usé ; j'en retrouve un fort bon ;
Vous n'en parlez que par envie.
L'aveugle enfin ne le crut pas ;
Il en perdit bientôt la vie.
L'animal dégourdi piqua son homme au bras.
Quant à vous, j'ose vous prédire
Qu'il vous arrivera quelque chose de pire.
– Eh ! que me saurait-il arriver que la mort ?
– Mille dégoûts viendront, dit le Prophète Hermite.
Il en vint en effet ; l'Hermite n'eut pas tort.
Mainte peste de Cour fit tant, par maint ressort,
Que la candeur du Juge, ainsi que son mérite,
Furent suspects au Prince. On cabale, on suscite
Accusateurs, et gens grevés par ses arrêts.
De nos biens, dirent-ils, il s'est fait un Palais.
Le Prince voulut voir ces richesses immenses ;
Il ne trouva partout que médiocrité,
Louanges du désert et de la pauvreté ;
C'étaient là ses magnificences.
Son fait, dit-on, consiste en des pierres de prix.
Un grand coffre en est plein, fermé de dix serrures.
Lui-même ouvrit ce coffre, et rendit bien surpris
Tous les machineurs d'impostures.
Le coffre étant ouvert, on y vit des lambeaux,
L'habit d'un gardeur de troupeaux,
Petit chapeau, jupon, panetière, houlette,
Et, je pense, aussi sa musette.
Doux trésors, ce dit-il, chers gages, qui jamais
N'attirâtes sur vous l'envie et le mensonge,
Je vous reprends ; sortons de ces riches Palais

Comme l'on sortirait d'un songe.
Sire, pardonnez-moi cette exclamation.
J'avais prévu ma chute en montant sur le faîte.
Je m'y suis trop complu ; mais qui n'a dans la tête
Un petit grain d'ambition ?

LE SONGE D'UN HABITANT DU MOGOL

Jadis certain Mogol vit en songe un Vizir
Aux champs Élysiens possesseur d'un plaisir
Aussi pur qu'infini, tant en prix qu'en durée ;
Le même songeur vit en une autre contrée
Un Ermite entouré de feux,
Qui touchait de pitié même les malheureux.
Le cas parut étrange, et contre l'ordinaire :
Minos en ces deux morts semblait s'être mépris.
Le dormeur s'éveilla, tant il en fut surpris.
Dans ce songe pourtant soupçonnant du mystère,
Il se fit expliquer l'affaire.
L'interprète lui dit : Ne vous étonnez point ;
Votre songe a du sens ; et, si j'ai sur ce point
Acquis tant soit peu d'habitude,
C'est un avis des Dieux. Pendant l'humain séjour,
Ce Vizir quelquefois cherchait la solitude ;
Cet Ermite aux Vizirs allait faire sa cour.

Si j'osais ajouter au mot de l'interprète,
J'inspirerais ici l'amour de la retraite :
Elle offre à ses amants des biens sans embarras,
Biens purs, présents du Ciel, qui naissent sous les pas.
Solitude où je trouve une douceur secrète,

Lieux que j'aimai toujours, ne pourrai-je jamais,
Loin du monde et du bruit, goûter l'ombre et le frais ?
Oh ! qui m'arrêtera sous vos sombres asiles !
Quand pourront les neuf Sœurs, loin des cours et des villes,
M'occuper tout entier, et m'apprendre des Cieux
Les divers mouvements inconnus à nos yeux,
Les noms et les vertus de ces clartés errantes
Par qui sont nos destins et nos mœurs différentes !
Que si je ne suis né pour de si grands projets,
Du moins que les ruisseaux m'offrent de doux objets !
Que je peigne en mes Vers quelque rive fleurie !
La Parque à filets d'or n'ourdira point ma vie ;
Je ne dormirai point sous de riches lambris ;
Mais voit-on que le somme en perde de son prix ?
En est-il moins profond, et moins plein de délices ?
Je lui voue au désert de nouveaux sacrifices.
Quand le moment viendra d'aller trouver les morts,
J'aurai vécu sans soins, et mourrai sans remords.

LE LION, LE SINGE ET LES DEUX ÂNES

Le Lion, pour bien gouverner,
Voulant apprendre la morale,
Se fit un beau jour amener
Le Singe maître ès arts chez la gent animale.
La première leçon que donna le Régent
Fut celle-ci : Grand Roi, pour régner sagement,
Il faut que tout Prince préfère
Le zèle de l'État à certain mouvement
Qu'on appelle communément
Amour-propre ; car c'est le père,

C'est l'auteur de tous les défauts
Que l'on remarque aux animaux.
Vouloir que de tout point ce sentiment vous quitte,
Ce n'est pas chose si petite
Qu'on en vienne à bout en un jour :
C'est beaucoup de pouvoir modérer cet amour.
Par là, votre personne auguste
N'admettra jamais rien en soi
De ridicule ni d'injuste.
– Donne-moi, repartit le Roi,
Des exemples de l'un et l'autre.
– Toute espèce, dit le docteur,
(Et je commence par la nôtre)
Toute profession s'estime dans son cœur,
Traite les autres d'ignorantes,
Les qualifie impertinentes,
Et semblables discours qui ne nous coûtent rien.
L'amour-propre, au rebours, fait qu'au degré suprême
On porte ses pareils ; car c'est un bon moyen
De s'élever aussi soi-même.
De tout ce que dessus j'argumente très bien
Qu'ici-bas maint talent n'est que pure grimace,
Cabale, et certain art de se faire valoir,
Mieux su des ignorants que des gens de savoir.
L'autre jour, suivant à la trace
Deux Ânes qui, prenant tour à tour l'encensoir
Se louaient tour à tour, comme c'est la manière,
J'ouïs que l'un des deux disait à son confrère :
Seigneur, trouvez-vous pas bien injuste et bien sot
L'homme, cet animal si parfait ? Il profane
Notre auguste nom, traitant d'âne
Quiconque est ignorant, d'esprit lourd, idiot :
Il abuse encore d'un mot,
Et traite notre rire, et nos discours de braire.

Les humains sont plaisants de prétendre exceller
Par-dessus nous ; non, non ; c'est à vous de parler,
À leurs Orateurs de se taire :
Voilà les vrais braillards ; mais laissons là ces gens :
Vous m'entendez, je vous entends :
Il suffit ; et quant aux merveilles
Dont votre divin chant vient frapper les oreilles,
Philomèle est au prix novice dans cet Art :
Vous surpassez Lambert. L'autre Baudet repart :
Seigneur, j'admire en vous des qualités pareilles.
Ces Ânes, non contents de s'être ainsi grattés,
S'en allèrent dans les Cités
L'un l'autre se prôner : chacun d'eux croyait faire,
En prisant ses pareils, une fort bonne affaire,
Prétendant que l'honneur en reviendrait sur lui.
J'en connais beaucoup aujourd'hui,
Non parmi les baudets, mais parmi les puissances
Que le Ciel voulut mettre en de plus hauts degrés,
Qui changeraient entre eux les simples excellences,
S'ils osaient, en des majestés.
J'en dis peut-être plus qu'il ne faut, et suppose
Que votre majesté gardera le secret.
Elle avait souhaité d'apprendre quelque trait
Qui lui fît voir entre autre chose
L'amour-propre donnant du ridicule aux gens.
L'injuste aura son tour : il y faut plus de temps.
Ainsi parla ce Singe. On ne m'a pas su dire
S'il traita l'autre point ; car il est délicat ;
Et notre maître ès Arts, qui n'était pas un fat,
Regardait ce Lion comme un terrible sire.

LE LOUP ET LE RENARD

Mais d'où vient qu'au Renard Ésope accorde un point ?
C'est d'exceller en tours pleins de matoiserie.
J'en cherche la raison, et ne la trouve point.
Quand le Loup a besoin de défendre sa vie,
    Ou d'attaquer celle d'autrui,
    N'en sait-il pas autant que lui ?
Je crois qu'il en sait plus ; et j'oserais peut-être
Avec quelque raison contredire mon maître.
Voici pourtant un cas où tout l'honneur échut
À l'hôte des terriers. Un soir il aperçut
La Lune au fond d'un puits : l'orbiculaire image
    Lui parut un ample fromage.
    Deux seaux alternativement
    Puisaient le liquide élément :
Notre Renard, pressé par une faim canine,
S'accommode en celui qu'au haut de la machine
    L'autre seau tenait suspendu.
    Voilà l'animal descendu,
    Tiré d'erreur, mais fort en peine,
    Et voyant sa perte prochaine.
Car comment remonter, si quelque autre affamé,
    De la même image charmé,
    Et succédant à sa misère,
Par le même chemin ne le tirait d'affaire ?
Deux jours s'étaient passés sans qu'aucun vînt au puits.
Le temps qui toujours marche avait pendant deux nuits
    Échancré selon l'ordinaire
De l'astre au front d'argent la face circulaire.
  Sire Renard était désespéré.
  Compère Loup, le gosier altéré,
  Passe par là ; l'autre dit : Camarade,

Je veux vous régaler ; voyez-vous cet objet ?
C'est un fromage exquis. Le dieu Faune l'a fait,
La vache Io donna le lait.
Jupiter, s'il était malade,
Reprendrait l'appétit en tâtant d'un tel mets.
J'en ai mangé cette échancrure,
Le reste vous sera suffisante pâture.
Descendez dans un seau que j'ai mis là exprès.
Bien qu'au moins mal qu'il pût il ajustât l'histoire,
Le Loup fut un sot de le croire.
Il descend, et son poids, emportant l'autre part,
Reguinde en haut maître Renard.
Ne nous en moquons point : nous nous laissons séduire
Sur aussi peu de fondement ;
Et chacun croit fort aisément
Ce qu'il craint et ce qu'il désire.

LE VIEILLARD ET LES TROIS JEUNES HOMMES

Un octogénaire plantait.
Passe encor de bâtir ; mais planter à cet âge !
Disaient trois jouvenceaux, enfants du voisinage ;
Assurément il radotait.
Car, au nom des Dieux, je vous prie,
Quel fruit de ce labeur pouvez-vous recueillir ?
Autant qu'un Patriarche il vous faudrait vieillir.
À quoi bon charger votre vie
Des soins d'un avenir qui n'est pas fait pour vous ?
Ne songez désormais qu'à vos erreurs passées :

Quittez le long espoir et les vastes pensées ;
    Tout cela ne convient qu'à nous.
    – Il ne convient pas à vous-mêmes,
Repartit le Vieillard. Tout établissement
Vient tard et dure peu. La main des Parques blêmes
De vos jours et des miens se joue également.
Nos termes sont pareils par leur courte durée.
Qui de nous des clartés de la voûte azurée
Doit jouir le dernier ? Est-il aucun moment
Qui vous puisse assurer d'un second seulement ?
Mes arrière-neveux me devront cet ombrage :
    Eh bien défendez-vous au Sage
De se donner des soins pour le plaisir d'autrui ?
Cela même est un fruit que je goûte aujourd'hui :
J'en puis jouir demain, et quelques jours encore ;
    Je puis enfin compter l'Aurore
    Plus d'une fois sur vos tombeaux.
Le Vieillard eut raison ; l'un des trois jouvenceaux
Se noya dès le port allant à l'Amérique ;
L'autre, afin de monter aux grandes dignités,
Dans les emplois de Mars servant la République,
Par un coup imprévu vit ses jours emportés.
  Le troisième tomba d'un arbre
    Que lui-même il voulut enter ;
Et pleurés du Vieillard, il grava sur leur marbre
    Ce que je viens de raconter.

LES DEUX CHÈVRES

Dès que les Chèvres ont brouté,
Certain esprit de liberté
Leur fait chercher fortune ; elles vont en voyage
Vers les endroits du pâturage
Les moins fréquentés des humains.
Là s'il est quelque lieu sans route et sans chemins,
Un rocher, quelque mont pendant en précipices,
C'est où ces Dames vont promener leurs caprices ;
Rien ne peut arrêter cet animal grimpant.
Deux Chèvres donc s'émancipant,
Toutes deux ayant patte blanche,
Quittèrent les bas prés, chacune de sa part.
L'une vers l'autre allait pour quelque bon hasard.
Un ruisseau se rencontre, et pour pont une planche.
Deux Belettes à peine auraient passé de front
Sur ce pont ;
D'ailleurs, l'onde rapide et le ruisseau profond
Devaient faire trembler de peur ces Amazones.
Malgré tant de dangers, l'une de ces personnes
Pose un pied sur la planche, et l'autre en fait autant.
Je m'imagine voir avec Louis le Grand
Philippe Quatre qui s'avance
Dans l'île de la Conférence.
Ainsi s'avançaient pas à pas,
Nez à nez, nos Aventurières,
Qui, toutes deux étant fort fières,
Vers le milieu du pont ne se voulurent pas
L'une à l'autre céder. Elles avaient la gloire
De compter dans leur race (à ce que dit l'Histoire)
L'une certaine Chèvre au mérite sans pair
Dont Polyphème fit présent à Galatée,

Et l'autre la chèvre Amalthée,
Par qui fut nourri Jupiter.
Faute de reculer, leur chute fut commune ;
Toutes deux tombèrent dans l'eau.
Cet accident n'est pas nouveau
Dans le chemin de la Fortune.

LE VIEUX CHAT ET LA JEUNE SOURIS

Une jeune Souris de peu d'expérience
Crut fléchir un vieux Chat, implorant sa clémence,
Et payant de raisons le Raminagrobis :
Laissez-moi vivre : une Souris
De ma taille et de ma dépense
Est-elle à charge en ce logis ?
Affamerais-je, à votre avis,
L'Hôte et l'Hôtesse, et tout leur monde ?
D'un grain de blé je me nourris ;
Une noix me rend toute ronde.
À présent je suis maigre ; attendez quelque temps.
Réservez ce repas à messieurs vos Enfants.
Ainsi parlait au Chat la Souris attrapée.
L'autre lui dit : Tu t'es trompée.
Est-ce à moi que l'on tient de semblables discours ?
Tu gagnerais autant de parler à des sourds.
Chat, et vieux, pardonner ? cela n'arrive guères.
Selon ces lois, descends là-bas,
Meurs, et va-t'en, tout de ce pas,
Haranguer les sœurs Filandières.
Mes Enfants trouveront assez d'autres repas.
Il tint parole ; Et pour ma Fable

Voici le sens moral qui peut y convenir :
La jeunesse se flatte, et croit tout obtenir ;
    La vieillesse est impitoyable.

LE RENARD, LE LOUP ET LE CHEVAL

Un Renard, jeune encor, quoique des plus madrés,
Vit le premier Cheval qu'il eût vu de sa vie.
Il dit à certain Loup, franc novice : Accourez :
    Un animal paît dans nos prés,
Beau, grand : j'en ai la vue encor toute ravie.
– Est-il plus fort que nous ? dit le Loup en riant.
    Fais-moi son Portrait, je te prie.
– Si j'étais quelque Peintre ou quelque Étudiant,
Repartit le Renard, j'avancerais la joie
    Que vous aurez en le voyant.
Mais venez. Que sait-on ? peut-être est-ce une proie
    Que la Fortune nous envoie.
Ils vont ; et le Cheval, qu'à l'herbe on avait mis,
Assez peu curieux de semblables amis,
Fut presque sur le point d'enfiler la venelle.
Seigneur, dit le Renard, vos humbles serviteurs
Apprendraient volontiers comment on vous appelle.
Le Cheval, qui n'était dépourvu de cervelle,
Leur dit : Lisez mon nom, vous le pouvez, Messieurs :
Mon Cordonnier l'a mis autour de ma semelle.
Le Renard s'excusa sur son peu de savoir.
Mes parents, reprit-il, ne m'ont point fait instruire ;
Ils sont pauvres et n'ont qu'un trou pour tout avoir.
Ceux du Loup, gros Messieurs, l'ont fait apprendre à lire.
    Le Loup, par ce discours flatté,

S'approcha ; mais sa vanité
Lui coûta quatre dents : le Cheval lui desserre
Un coup ; et haut le pied. Voilà mon Loup par terre
Mal en point, sanglant et gâté.
Frère, dit le Renard, ceci nous justifie
Ce que m'ont dit des gens d'esprit :
Cet animal vous a sur la mâchoire écrit
Que de tout inconnu le Sage se méfie.

UN FOU ET UN SAGE

Certain Fou poursuivait à coups de pierre un Sage.
Le Sage se retourne et lui dit : Mon ami,
C'est fort bien fait à toi ; reçois cet écu-ci :
Tu fatigues assez pour gagner davantage.
Toute peine, dit-on, est digne de loyer.
Vois cet homme qui passe ; il a de quoi payer.
Adresse-lui tes dons, ils auront leur salaire.
Amorcé par le gain, notre Fou s'en va faire
Même insulte à l'autre Bourgeois.
On ne le paya pas en argent cette fois.
Maint estafier accourt ; on vous happe notre homme,
On vous l'échine, on vous l'assomme.
Auprès des Rois il est de pareils fous :
À vos dépens ils font rire le Maître ;
Pour réprimer leur babil, irez-vous
Les maltraiter ? Vous n'êtes pas peut-être
Assez puissant. Il faut les engager
À s'adresser à qui peut se venger.

PHILÉMON ET BAUCIS

SUJET TIRÉ DES MÉTAMORPHOSES *D'OVIDE*

À MONSEIGNEUR LE DUC DE VENDÔME

Ni l'or ni la grandeur ne nous rendent heureux ;
Ces deux Divinités n'accordent à nos vœux
Que des biens peu certains, qu'un plaisir peu tranquille :
Des soucis dévorants c'est l'éternel asile ;
Véritables Vautours, que le fils de Japet
Représente, enchaîné sur son triste sommet.
L'humble toit est exempt d'un tribut si funeste :
Le sage y vit en paix, et méprise le reste ;
Content de ces douceurs, errant parmi les bois,
Il regarde à ses pieds les favoris des Rois ;
Il lit au front de ceux qu'un vain luxe environne
Que la Fortune vend ce qu'on croit qu'elle donne.
Approche-t-il du but, quitte-t-il ce séjour,
Rien ne trouble sa fin : c'est le soir d'un beau jour.
Philémon et Baucis nous en offrent l'exemple :
Tous deux virent changer leur Cabane en un Temple.
Hyménée et l'Amour, par des désirs constants,
Avaient uni leurs cœurs dès leur plus doux Printemps.
Ni le temps ni l'hymen n'éteignirent leur flamme ;
Clothon prenait plaisir à filer cette trame.
Ils surent cultiver, sans se voir assistés,
Leur enclos et leur champ par deux fois vingt Étés.
Eux seuls ils composaient toute leur République :
Heureux de ne devoir à pas un domestique
Le plaisir ou le gré des soins qu'ils se rendaient !
Tout vieillit : sur leur front les rides s'étendaient ;
L'amitié modéra leurs feux sans les détruire,
Et par des traits d'amour sut encor se produire.

Ils habitaient un bourg plein de gens dont le cœur
Joignait aux duretés un sentiment moqueur.
Jupiter résolut d'abolir cette engeance.
Il part avec son fils, le Dieu de l'Éloquence ;
Tous deux en Pèlerins vont visiter ces lieux :
Mille logis y sont, un seul ne s'ouvre aux Dieux.
Prêts enfin à quitter un séjour si profane,
Ils virent à l'écart une étroite cabane,
Demeure hospitalière, humble et chaste maison.
Mercure frappe : on ouvre ; aussitôt Philémon
Vient au-devant des dieux, et leur tient ce langage :
Vous me semblez tous deux fatigués du voyage,
Reposez-vous. Usez du peu que nous avons ;
L'aide des Dieux a fait que nous le conservons ;
Usez-en ; saluez ces Pénates d'argile :
Jamais le Ciel ne fut aux humains si facile
Que quand Jupiter même était de simple bois ;
Depuis qu'on l'a fait d'or, il est sourd à nos voix.
Baucis, ne tardez point : faites tiédir cette onde ;
Encor que le pouvoir au désir ne réponde,
Nos Hôtes agréront les soins qui leur sont dus.
Quelques restes de feu sous la cendre épandus
D'un souffle haletant par Baucis s'allumèrent :
Des branches de bois sec aussitôt s'enflammèrent.
L'onde tiède, on lava les pieds des Voyageurs.
Philémon les pria d'excuser ces longueurs ;
Et, pour tromper l'ennui d'une attente importune,
Il entretint les Dieux, non point sur la Fortune,
Sur ses jeux, sur la pompe et la grandeur des rois,
Mais sur ce que les champs, les vergers et les bois
Ont de plus innocent, de plus doux, de plus rare.
Cependant par Baucis le festin se prépare.
La table où l'on servit le champêtre repas
Fut d'ais non façonnés à l'aide du compas :

Encore assure-t-on, si l'histoire en est crue,
Qu'en un de ses supports le temps l'avait rompue.
Baucis en égala les appuis chancelants
Du débris d'un vieux vase, autre injure des ans.
Un tapis tout usé couvrit deux escabelles :
Il ne servait pourtant qu'aux fêtes solennelles.
Le linge orné de fleurs fut couvert, pour tous mets,
D'un peu de lait, de fruits, et des dons de Cérès.
Les divins Voyageurs, altérés de leur course,
Mêlaient au vin grossier le cristal d'une source.
Plus le vase versait, moins il s'allait vidant :
Philémon reconnut ce miracle évident ;
Baucis n'en fit pas moins : tous deux s'agenouillèrent ;
À ce signe d'abord leurs yeux se dessillèrent.
Jupiter leur parut avec ces noirs sourcis
Qui font trembler les Cieux sur leurs Pôles assis.
Grand Dieu, dit Philémon, excusez notre faute :
Quels humains auraient cru recevoir un tel Hôte ?
Ces mets, nous l'avouons, sont peu délicieux :
Mais, quand nous serions Rois, que donner à des Dieux ?
C'est le cœur qui fait tout : que la terre et que l'onde
Apprêtent un repas pour les Maîtres du monde ;
Ils lui préféreront les seuls présents du cœur.
Baucis sort à ces mots pour réparer l'erreur.
Dans le verger courait une perdrix privée,
Et par de tendres soins dès l'enfance élevée ;
Elle en veut faire un mets, et la poursuit en vain :
La volatille échappe à sa tremblante main ;
Entre les pieds des Dieux elle cherche un asile.
Ce recours à l'oiseau ne fut pas inutile :
Jupiter intercède. Et déjà les vallons
Voyaient l'ombre en croissant tomber du haut des monts.
Les Dieux sortent enfin, et font sortir leurs Hôtes.
De ce Bourg, dit Jupin, je veux punir les fautes :

Suivez-nous. Toi, Mercure, appelle les vapeurs.
Ô gens durs ! vous n'ouvrez vos logis ni vos cœurs !
Il dit : et les Autans troublent déjà la plaine.
Nos deux Époux suivaient, ne marchant qu'avec peine ;
Un appui de roseau soulageait leurs vieux ans :
Moitié secours des Dieux, moitié peur, se hâtans,
Sur un mont assez proche enfin ils arrivèrent ;
À leurs pieds aussitôt cent nuages crevèrent.
Des ministres du Dieu les escadrons flottants
Entraînèrent, sans choix, animaux, habitants,
Arbres, maisons, vergers, toute cette demeure ;
Sans vestige du Bourg, tout disparut sur l'heure.
Les vieillards déploraient ces sévères destins.
Les animaux périr ! car encor les humains,
Tous avaient dû tomber sous les célestes armes.
Baucis en répandit en secret quelques larmes.
Cependant l'humble Toit devient Temple, et ses murs
Changent leur frêle enduit aux marbres les plus durs.
De pilastres massifs les cloisons revêtues
En moins de deux instants s'élèvent jusqu'aux nues ;
Le chaume devient or ; tout brille en ce pourpris ;
Tous ces événements sont peints sur le lambris.
Loin, bien loin les tableaux de Zeuxis et d'Apelle !
Ceux-ci furent tracés d'une main immortelle.
Nos deux Époux, surpris, étonnés, confondus,
Se crurent, par miracle, en l'Olympe rendus.
Vous comblez, dirent-ils, vos moindres créatures ;
Aurions-nous bien le cœur et les mains assez pures
Pour présider ici sur les honneurs divins,
Et Prêtres vous offrir les vœux des Pèlerins ?
Jupiter exauça leur prière innocente.
Hélas ! dit Philémon, si votre main puissante
Voulait favoriser jusqu'au bout deux mortels,
Ensemble nous mourrions en servant vos Autels :

Clothon ferait d'un coup ce double sacrifice ;
D'autres mains nous rendraient un vain et triste office :
Je ne pleurerais point celle-ci, ni ses yeux
Ne troubleraient non plus de leurs larmes ces lieux.
Jupiter à ce vœu fut encor favorable.
Mais oserai-je dire un fait presque incroyable ?
Un jour qu'assis tous deux dans le sacré parvis
Ils contaient cette histoire aux pèlerins ravis,
La troupe, à l'entour d'eux, debout prêtait l'oreille ;
Philémon leur disait : Ce lieu plein de merveille
N'a pas toujours servi de Temple aux Immortels :
Un Bourg était autour, ennemi des Autels,
Gens barbares, gens durs, habitacle d'impies ;
Du céleste courroux tous furent les hosties.
Il ne resta que nous d'un si triste débris :
Vous en verrez tantôt la suite en nos lambris ;
Jupiter l'y peignit. En contant ces Annales,
Philémon regardait Baucis par intervalles ;
Elle devenait arbre, et lui tendait les bras ;
Il veut lui tendre aussi les siens, et ne peut pas.
Il veut parler, l'écorce a sa langue pressée.
L'un et l'autre se dit adieu de la pensée :
Le corps n'est tantôt plus que feuillage et que bois.
D'étonnement la Troupe, ainsi qu'eux, perd la voix,
Même instant, même sort à leur fin les entraîne ;
Baucis devient Tilleul, Philémon devient Chêne.
On les va voir encore, afin de mériter
Les douceurs qu'en hymen Amour leur fit goûter :
Ils courbent sous le poids des offrandes sans nombre.
Pour peu que des Époux séjournent sous leur ombre,
Ils s'aiment jusqu'au bout, malgré l'effort des ans.
Ah ! si... Mais autre part j'ai porté mes présents.
Célébrons seulement cette Métamorphose.
Des fidèles témoins m'ayant conté la chose,

Clio me conseilla de l'étendre en ces Vers,
Qui pourront quelque jour l'apprendre à l'Univers :
Quelque jour on verra chez les Races futures
Sous l'appui d'un grand nom passer ces Aventures.
Vendôme, consentez au los que j'en attends !
Faites-moi triompher de l'Envie et du Temps ;
Enchaînez ces démons, que sur nous ils n'attentent,
Ennemis des Héros et de ceux qui les chantent.
Je voudrais pouvoir dire en un style assez haut
Qu'ayant mille vertus vous n'avez nul défaut.
Toutes les célébrer serait œuvre infinie ;
L'entreprise demande un plus vaste génie :
Car quel mérite enfin ne vous fait estimer ?
Sans parler de celui qui force à vous aimer ?
Vous joignez à ces dons l'amour des beaux Ouvrages,
Vous y joignez un goût plus sûr que nos suffrages :
Don du Ciel, qui peut seul tenir lieu des présents
Que nous font à regret le travail et les ans.
Peu de gens élevés, peu d'autres encor même,
Font voir par ces faveurs que Jupiter les aime.
Si quelque enfant des Dieux les possède, c'est vous ;
Je l'ose dans ces Vers soutenir devant tous.
Clio, sur son giron, à l'exemple d'Homère,
Vient de les retoucher, attentive à vous plaire :
On dit qu'elle et ses sœurs, par l'ordre d'Apollon,
Transportent dans Anet tout le sacré Vallon :
Je le crois. Puissions-nous chanter sous les ombrages
Des arbres dont ce lieu va border ses rivages !
Puissent-ils tout d'un coup élever leurs sourcis,
Comme on vit autrefois Philémon et Baucis !

BELPHÉGOR

NOUVELLE TIRÉE DE MACHIAVEL

Un jour Satan, Monarque des enfers,
Faisait passer ses sujets en revue.
Là confondus tous les états divers,
Princes et Rois, et la tourbe menue,
Jetaient maint pleur, poussaient maint et maint cri,
Tant que Satan en était étourdi.
Il demandait en passant à chaque âme :
Qui t'a jetée en l'éternelle flamme ?
L'une disait : hélas c'est mon mari ;
L'autre aussitôt répondait : c'est ma femme.
Tant et tant fut ce discours répété,
Qu'enfin Satan dit en plein consistoire :
Si ces gens-ci disent la vérité
Il est aisé d'augmenter notre gloire.
Nous n'avons donc qu'à le vérifier.
Pour cet effet, il nous faut envoyer
Quelque démon plein d'art et de prudence ;
Qui non content d'observer avec soin
Tous les hymens dont il sera témoin,
Y joigne aussi sa propre expérience.
Le Prince ayant proposé sa sentence,
Le noir Sénat suivit tout d'une voix.
De Belphégor aussitôt on fit choix.
Ce diable était tout yeux et tout oreilles,
Grand éplucheur, clairvoyant à merveilles,
Capable enfin de pénétrer dans tout,
Et de pousser l'examen jusqu'au bout.
Pour subvenir aux frais de l'entreprise,
On lui donna mainte et mainte remise,

Toutes à vue, et qu'en lieux différents
Il pût toucher par des correspondants.
Quant au surplus, les fortunes humaines,
Les biens, les maux, les plaisirs et les peines,
Bref ce qui suit notre condition,
Fut une annexe à sa légation.
Il se pouvait tirer d'affliction,
Par ses bons tours et par son industrie,
Mais non mourir, ni revoir sa patrie,
Qu'il n'eût ici consumé certain temps :
Sa mission devait durer dix ans.
Le voilà donc qui traverse et qui passe
Ce que le Ciel voulut mettre d'espace
Entre ce monde et l'éternelle nuit ;
Il n'en mit guère, un moment y conduit.
Notre démon s'établit à Florence,
Ville pour lors de luxe et de dépense.
Même il la crut propre pour le trafic.
Là sous le nom du seigneur Roderic,
Il se logea, meubla, comme un riche homme ;
Grosse maison, grand train, nombre de gens ;
Anticipant tous les jours sur la somme
Qu'il ne devait consumer qu'en dix ans.
On s'étonnait d'une telle bombance.
Il tenait table, avait de tous côtés
Gens à ses frais, soit pour ses voluptés,
Soit pour le faste et la magnificence.
L'un des plaisirs où plus il dépensa
Fut la louange : Apollon l'encensa ;
Car il est maître en l'art de flatterie.
Diable n'eut onc tant d'honneurs en sa vie.
Son cœur devint le but de tous les traits
Qu'amour lançait : il n'était point de belle
Qui n'employât ce qu'elle avait d'attraits

Pour le gagner, tant sauvage fût-elle :
Car de trouver une seule rebelle,
Ce n'est la mode à gens de qui la main
Par les présents s'aplanit tout chemin.
C'est un ressort en tous desseins utile.
Je l'ai jà dit, et le redis encor ;
Je ne connais d'autre premier mobile
Dans l'Univers, que l'argent et que l'or.
Notre envoyé cependant tenait compte
De chaque hymen, en journaux différents ;
L'un, des époux satisfaits et contents,
Si peu rempli que le diable en eut honte.
L'autre journal incontinent fut plein.
À Belphégor il ne restait enfin
Que d'éprouver la chose par lui-même.
Certaine fille à Florence était lors ;
Belle, et bien faite, et peu d'autres trésors ;
Noble d'ailleurs, mais d'un orgueil extrême ;
Et d'autant plus que de quelque vertu
Un tel orgueil paraissait revêtu.
Pour Roderic on en fit la demande.
Le Père dit que Madame Honnesta,
C'était son nom, avait eu jusques là
Force partis ; mais que parmi la bande
Il pourrait bien Roderic préférer,
Et demandait temps pour délibérer.
On en convient. Le poursuivant s'applique
À gagner celle où ses vœux s'adressaient.
Fêtes et bals, sérénades, musique,
Cadeaux, festins, bien fort appetissaient,
Altéraient fort le fonds de l'ambassade.
Il n'y plaint rien, en use en grand Seigneur,
S'épuise en dons : l'autre se persuade
Qu'elle lui fait encor beaucoup d'honneur.

Conclusion, qu'après force prières,
Et des façons de toutes les manières,
Il eut un oui de Madame Honnesta.
Auparavant le Notaire y passa :
Dont Belphégor se moquant en son âme :
Hé quoi, dit-il, on acquiert une femme
Comme un château ! Ces gens ont tout gâté.
Il eut raison : ôtez d'entre les hommes
La simple foi, le meilleur est ôté.
Nous nous jetons, pauvres gens que nous sommes,
Dans les procès en prenant le revers.
Les si, les cas, les contrats sont la porte
Par où la noise entra dans l'univers :
N'espérons pas que jamais elle en sorte.
Solennités et lois n'empêchent pas
Qu'avec l'hymen amour n'ait des débats.
C'est le cœur seul qui peut rendre tranquille.
Le cœur fait tout, le reste est inutile.
Qu'ainsi ne soit, voyons d'autres états.
Chez les amis tout s'excuse, tout passe ;
Chez les Amants tout plaît, tout est parfait ;
Chez les Époux tout ennuie et tout lasse.
Le devoir nuit : chacun est ainsi fait.
Mais, dira-t-on, n'est-il en nulles guises
D'heureux ménage ? Après mûr examen,
J'appelle un bon, voire un parfait hymen,
Quand les conjoints se souffrent leurs sottises.
Sur ce point-là c'est assez raisonné :
Dès que chez lui le Diable eut amené
Son épousée, il jugea par lui-même
Ce qu'est l'hymen avec un tel démon :
Toujours débats, toujours quelque sermon
Plein de sottise en un degré suprême.
Le bruit fut tel que Madame Honnesta

Plus d'une fois les voisins éveilla :
Plus d'une fois on courut à la noise :
Il lui fallait quelque simple bourgeoise,
Ce disait-elle : un petit trafiquant
Traiter ainsi les filles de mon rang !
Méritait-il femme si vertueuse ?
Sur mon devoir je suis trop scrupuleuse :
J'en ai regret et si je faisais bien...
Il n'est pas sûr qu'Honnesta ne fît rien :
Ces prudes-là nous en font bien accroire.
Nos deux Époux, à ce que dit l'histoire,
Sans disputer n'étaient pas un moment.
Souvent leur guerre avait pour fondement
Le jeu, la jupe ou quelque ameublement,
D'été, d'hiver, d'entre-temps, bref un monde
D'inventions propres à tout gâter.
Le pauvre diable eut lieu de regretter
De l'autre enfer la demeure profonde.
Pour comble enfin Roderic épousa
La parenté de Madame Honnesta,
Ayant sans cesse et le père et la mère,
Et la grand'sœur avec le petit frère ;
De ses deniers mariant la grand'sœur,
Et du petit payant le précepteur.
Je n'ai pas dit la principale cause
De sa ruine infaillible accident ;
Et j'oubliais qu'il eut un intendant.
Un intendant ? Qu'est-ce que cette chose ?
Je définis cet être un animal
Qui comme on dit sait pécher en eau trouble,
Et plus le bien de son maître va mal,
Plus le sien croît, plus son profit redouble ;
Tant qu'aisément lui-même achèterait
Ce qui de net au Seigneur resterait :

Dont par raison bien et dûment déduite
On pourrait voir chaque chose réduite
En son état, s'il arrivait qu'un jour
L'autre devînt l'Intendant à son tour,
Car regagnant ce qu'il eut étant maître,
Ils reprendraient tous deux leur premier être.
Le seul recours du pauvre Roderic,
Son seul espoir, était certain trafic
Qu'il prétendait devoir remplir sa bourse,
Espoir douteux, incertaine ressource.
Il était dit que tout serait fatal
À notre époux, ainsi tout alla mal.
Ses agents tels que la plupart des nôtres,
En abusaient : il perdit un vaisseau,
Et vit aller le commerce à vau-l'eau,
Trompé des uns, mal servi par les autres.
Il emprunta. Quand ce vint à payer,
Et qu'à sa porte il vit le créancier,
Force lui fut d'esquiver par la fuite,
Gagnant les champs, où de l'âpre poursuite
Il se sauva chez un certain fermier.
En certain coin remparé de fumier.
À Matheo, c'était le nom du Sire,
Sans tant tourner il dit ce qu'il était ;
Qu'un double mal chez lui le tourmentait,
Ses créanciers et sa femme encor pire :
Qu'il n'y savait remède que d'entrer
Au corps des gens, et de s'y remparer,
D'y tenir bon : irait-on là le prendre ?
Dame Honnesta viendrait-elle y prôner
Qu'elle a regret de se bien gouverner ?
Chose ennuyeuse et qu'il est las d'entendre.
Que de ces corps trois fois il sortirait
Sitôt que lui Matheo l'en prierait ;

Trois fois sans plus et ce pour récompense
De l'avoir mis à couvert des Sergens.
Tout aussitôt l'Ambassadeur commence
Avec grand bruit d'entrer au corps des gens.
Ce que le sien, ouvrage fantastique,
Devint alors, l'histoire n'en dit rien.
Son coup d'essai fut une fille unique
Où le galant se trouvait assez bien ;
Mais Matheo moyennant grosse somme
L'en fit sortir au premier mot qu'il dit.
C'était à Naples, il se transporte à Rome ;
Saisit un corps : Matheo l'en bannit,
Le chasse encore : autre somme nouvelle.
Trois fois enfin, toujours d'un corps femelle,
Remarquez bien, notre Diable sortit.
Le Roi de Naples avait lors une fille,
Honneur du sexe, espoir de sa famille ;
Maint jeune prince était son poursuivant.
Là d'Honnesta Belphégor se sauvant,
On ne le put tirer de cet asile.
Il n'était bruit aux champs comme à la ville
Que d'un manant qui chassait les esprits.
Cent mille écus d'abord lui sont promis.
Bien affligé de manquer cette somme
(Car ces trois fois l'empêchaient d'espérer
Que Belphégor se laissât conjurer)
Il la refuse : il se dit un pauvre homme,
Pauvre pécheur, qui sans savoir comment,
Sans dons du Ciel, par hasard seulement,
De quelques corps a chassé quelque Diable,
Apparemment chétif, et misérable,
Et ne connaît celui-ci nullement.
Il a beau dire ; on le force, on l'amène,
On le menace, on lui dit que sous peine

D'être pendu, d'être mis haut et court
En un gibet, il faut que sa puissance
Se manifeste avant la fin du jour.
Dès l'heure même on vous met en présence
Notre Démon et son Conjurateur.
D'un tel combat le Prince est spectateur.
Chacun y court : n'est fils de bonne mère
Qui pour le voir ne quitte toute affaire.
D'un côté sont le gibet et la hart,
Cent mille écus bien comptés d'autre part.
Matheo tremble, et lorgne la finance.
L'esprit malin voyant sa contenance,
Riait sous cape, alléguait les trois fois ;
Dont Matheo suait en son harnois,
Pressait, priait, conjurait avec larmes.
Le tout en vain : plus il est en alarmes,
Plus l'autre rit. Enfin le manant dit
Que sur ce Diable il n'avait nul crédit.
On vous le happe et mène à la potence.
Comme il allait haranguer l'assistance,
Nécessité lui suggéra ce tour :
Il dit tout bas qu'on battît le tambour,
Ce qui fut fait ; de quoi l'esprit immonde
Un peu surpris au manant demanda :
Pourquoi ce bruit ? coquin, qu'entends-je là ?
L'autre répond : C'est Madame Honnesta
Qui vous réclame, et va par tout le monde
Cherchant l'époux que le Ciel lui donna.
Incontinent le Diable décampa,
S'enfuit au fond des enfers et conta
Tout le succès qu'avait eu son voyage :
Sire, dit-il, le nœud du mariage
Damne aussi dru qu'aucuns autres états.

Votre grandeur voit tomber ici-bas,
Non par flocons, mais menu comme pluie,
Ceux que l'hymen fait de sa confrérie,
J'ai par moi-même examiné le cas.
Non que de soi la chose ne soit bonne :
Elle eut jadis un plus heureux destin ;
Mais comment tout se corrompt à la fin,
Plus beau fleuron n'est en votre couronne.
Satan le crut : il fut récompensé ;
Encore qu'il eût son retour avancé ;
Car qu'eût-il fait ? Ce n'était pas merveilles
Qu'ayant sans cesse un Diable à ses oreilles,
Toujours le même et toujours sur un ton,
Il fût contraint d'enfiler la venelle ;
Dans les enfers encore en chante-t-on ;
L'autre peine est à mon sens plus cruelle.
Je voudrais voir quelque Saint y durer.
Elle eût à Job fait tourner la cervelle.
De tout ceci que prétends-je inférer ?
Premièrement je ne sais pire chose
Que de changer son logis en prison ;
En second lieu si par quelque raison
Votre ascendant à l'hymen vous expose,
N'épousez point d'Honnesta s'il se peut ;
N'a pas pourtant une Honnesta qui veut.

LE JUGE ARBITRE, L'HOSPITALIER ET LE SOLITAIRE

Trois Saints, également jaloux de leur salut,
Portés d'un même esprit, tendaient à même but.
Ils s'y prirent tous trois par des routes diverses :
Tous chemins vont à Rome : ainsi nos Concurrents
Crurent pouvoir choisir des sentiers différents.
L'un, touché des soucis, des longueurs, des traverses,
Qu'en apanage on voit aux Procès attachés
S'offrit de les juger sans récompense aucune,
Peu soigneux d'établir ici-bas sa fortune.
Depuis qu'il est des Lois, l'Homme, pour ses péchés,
Se condamne à plaider la moitié de sa vie.
La moitié ? les trois quarts, et bien souvent le tout.
Le Conciliateur crut qu'il viendrait à bout
De guérir cette folle et détestable envie.
Le second de nos Saints choisit les Hôpitaux.
Je le loue ; et le soin de soulager ces maux
Est une charité que je préfère aux autres.
Les Malades d'alors, étant tels que les nôtres,
Donnaient de l'exercice au pauvre Hospitalier ;
Chagrins, impatients, et se plaignant sans cesse :
Il a pour tels et tels un soin particulier ;
  Ce sont ses amis ; il nous laisse.
Ces plaintes n'étaient rien au prix de l'embarras
Où se trouva réduit l'appointeur de débats :
Aucun n'était content ; la sentence arbitrale
  À nul des deux ne convenait :
  Jamais le Juge ne tenait
  À leur gré la balance égale.
De semblables discours rebutaient l'Appointeur :

Il court aux Hôpitaux, va voir leur Directeur :
Tous deux ne recueillant que plainte et que murmure,
Affligés, et contraints de quitter ces emplois,
Vont confier leur peine au silence des bois.
Là, sous d'âpres rochers, près d'une source pure,
Lieu respecté des vents, ignoré du Soleil,
Ils trouvent l'autre Saint, lui demandent conseil.
Il faut, dit leur ami, le prendre de soi-même.
        Qui mieux que vous sait vos besoins ?
Apprendre à se connaître est le premier des soins
Qu'impose à tous mortels la Majesté suprême.
Vous êtes-vous connus dans le monde habité ?
L'on ne le peut qu'aux lieux pleins de tranquillité :
Chercher ailleurs ce bien est une erreur extrême.
        Troublez l'eau : vous y voyez-vous ?
Agitez celle-ci. – Comment nous verrions-nous ?
        La vase est un épais nuage
Qu'aux effets du cristal nous venons d'opposer.
– Mes Frères, dit le Saint, laissez-la reposer,
        Vous verrez alors votre image.
Pour vous mieux contempler demeurez au désert.
        Ainsi parla le Solitaire.
Il fut cru ; l'on suivit ce conseil salutaire.
Ce n'est pas qu'un emploi ne doive être souffert.
Puisqu'on plaide, et qu'on meurt, et qu'on devient malade,
Il faut des Médecins, il faut des Avocats.
Ces secours, grâce à Dieu, ne nous manqueront pas :
Les honneurs et le gain, tout me le persuade.
Cependant on s'oublie en ces communs besoins.
Ô vous dont le Public emporte tous les soins,
        Magistrats, Princes et Ministres,
Vous que doivent troubler mille accidents sinistres,
Que le malheur abat, que le bonheur corrompt,
Vous ne vous voyez point, vous ne voyez personne.

Si quelque bon moment à ces pensers vous donne,
    Quelque flatteur vous interrompt.
Cette leçon sera la fin de ces Ouvrages :
Puisse-t-elle être utile aux siècles à venir !
Je la présente aux Rois, je la propose aux Sages :
    Par où saurais-je mieux finir ?

Madame de La Fayette
La Princesse de Clèves

Jean de La Fontaine
Le lièvre et la tortue
et autres fables

Alphonse de Lamartine
Graziella*

Gaston Leroux
Le fauteuil hanté

Longus
Daphnis et Chloé

Pierre Louÿs
La Femme et le Pantin

Howard P. Lovecraft
Les Autres Dieux

Arthur Machen
Le grand dieu Pan

Stéphane Mallarmé
Poésie*

Félicien Marceau
Le voyage de noce de Figaro

Guy de Maupassant
Le Horla
Boule de Suif
Une partie de campagne
La maison Tellier
Une vie

François Mauriac
Un adolescent d'autrefois

Prosper Mérimée
Carmen
Mateo Falcone

Molière
Dom Juan

Alberto Moravia
Le mépris

Alfred de Musset
Les caprices de Marianne

Gérard de Nerval
Aurélia

Ovide
L'art d'aimer

Charles Perrault
Contes de ma mère l'Oye

Platon
Le banquet

Edgar Allan Poe
Double assassinat dans la rue Morgue
Le scarabée d'or

Alexandre Pouchkine
La fille du capitaine
La dame de pique

Abbé Prévost
Manon Lescaut

Ellery Queen
Le char de Phaéton
La course au trésor

Raymond Radiguet
Le diable au corps

Vincent Ravalec
Du pain pour les pauvres

Jean Ray
Harry Dickson
- Le châtiment des Foyle
- Les étoiles de la mort
- Le fauteuil 27
- La terrible nuit du Zoo
- Le temple de fer
- Le lit du diable*

Jules Renard
Poil de Carotte
Histoires naturelles*

Arthur Rimbaud
Le bateau ivre

Edmond Rostand
Cyrano de Bergerac

Marquis de Sade
Le président mystifié

George Sand
La mare au diable

Erich Segal
Love Story

William Shakespeare
Roméo et Juliette
Hamlet
Othello

Sophocle
Œdipe roi

Stendhal
L'abbesse de Castro

Robert Louis Stevenson
Olalla des Montagnes
Le cas étrange du Dr Jekyll et de M. Hyde

Bram Stoker
L'enterrement des rats

Erich Segal
Love Story

Anton Tchekhov
La dame au petit chien*

Ivan Tourgueniev
Premier amour

Henri Troyat
La neige en deuil
Le geste d'Eve
La pierre, la feuille et les ciseaux
La rouquine

Albert t'Serstevens
L'or du Cristobal
Taïa

Paul Verlaine
Poèmes saturniens
suivi des Fêtes galantes

Jules Verne
Les cinq cents millions de la Bégum
Les forceurs de blocus

Vladimir Volkoff
Nouvelles américaines
- Un homme juste

Voltaire
Candide
Zadig ou la Destinée

Emile Zola
La mort d'Olivier Bécaille
Naïs

Histoire de Sindbad le Marin

** Titres à paraître*

Achevé d'imprimer en Europe
à Pössneck (Thuringe, Allemagne)
en juillet 1996
pour le compte de EJL
84, rue de Grenelle 75007 Paris

Dépôt légal juillet 1996

Diffusion France et étranger
Flammarion